MANDARIN
CHINESE
VISUAL DICTIONARY

Published by Collins
An imprint of HarperCollins Publishers
Westerhill Road
Bishopbriggs
Glasgow G64 2QT

First Edition 2019

10 9 8 7 6 5 4 3 2 1

© HarperCollins Publishers 2019

ISBN 978-0-00-829036-8

Collins® is a registered trademark of
HarperCollins Publishers Limited

Typeset by Jouve, India

Printed in China by RR Donnelley APS

Acknowledgements
We would like to thank those authors and
publishers who kindly gave permission for
copyright material to be used in the Collins
Corpus. We would also like to thank Times
Newspapers Ltd for providing valuable data.

If you would like to comment on any aspect
of this book, please contact us at the given
address or online.
E-mail dictionaries@harpercollins.co.uk
 www.facebook.com/collinsdictionary
 @collinsdict

MANAGING EDITOR
Maree Airlie

FOR THE PUBLISHER
Gerry Breslin
Gina Macleod
Kevin Robbins
Robin Scrimgeour

CONTRIBUTORS
Luan Lin
Lauren Reid

TECHNICAL SUPPORT
Claire Dimeo

MIX
Paper from
responsible sources
FSC™ C007454

FSC
www.fsc.org

This book is produced from independently certified FSC™ paper
to ensure responsible forest management.

For more information visit: www.harpercollins.co.uk/green

CONTENTS

Whether you're on holiday or staying for a slightly longer period of time, your **Collins Visual Dictionary** is designed to help you find exactly what you need, when you need it. With over a thousand clear and helpful images, you can quickly locate the vocabulary you are looking for.

THE DINING ROOM | 餐厅

It is very uncommon for the kitchen and the dining room to be combined. If you are invited to dinner by a family, generally one person spends time cooking in the kitchen while another entertains the guests in the living room. Guests usually only see the cook later, in the dining room.

② YOU MIGHT SAY...

Bon appetit.
吃好喝好。
chī hǎo hē hǎo

③ YOU MIGHT HEAR...

Enjoy your meal.
请慢用。
qǐng màn yòng

④ VOCABULARY

dining table 餐桌 cān zhuō	tablecloth 桌布 zhuō bù	to dine 吃饭 chī fàn
sideboard 碗柜 wǎn guì	to set the table 摆桌子 bǎi zhuō zi	to clear the table 收拾桌子 shōu shi zhuō zi

⑤ YOU SHOULD KNOW...

Good table manners in China include: waiting for the most senior person at the table to start; not hitting the chopsticks on the bowl, or standing them upright in the rice; and not standing up to reach a dish.

① GENERAL

Chinese teacup
茶杯
chá bēi

knife and fork
刀叉
dāo chā

napkin
餐巾
cān jīn

63

The Visual Dictionary includes:

- 10 **chapters** arranged thematically, so that you can easily find what you need to suit the situation
- **①** **images** – illustrating essential items
- **②** **YOU MIGHT SAY...** – common phrases that you might want to use
- **③** **YOU MIGHT HEAR...** – common phrases that you might come across
- **④** **VOCABULARY** – common words that you might need
- **⑤** **YOU SHOULD KNOW...** – tips about local customs or etiquette
- an **index** to find all images quickly and easily
- essential **phrases** and **numbers** listed on the flaps for quick reference

USING YOUR COLLINS VISUAL DICTIONARY

The points set out below will help to make sure that your **Collins Visual Dictionary** gives you as much help as possible when using Mandarin Chinese:

1) **How to address people politely**

At work, you can call your peers by their names – a rule of thumb is to always address people by their job title or occupation with their family name first, for example, 张老师 (zhāng lǎo shī), "Zhang teacher". You may also hear 小王 (xiǎo Wang), literally "young Wang" or 老李 (lǎo Lǐ), "old Li" in the workplace depending on age and seniority, although this is rather informal.

When invited to meet a friend's family, unless they are younger or roughly the same age, you shouldn't call them by their names. You can call their grandparents 爷爷/奶奶 (yé ye/nǎi nai) "grandfather/grandmother", and their parents or anyone in that generation 叔叔/阿姨 (shū shu/ā yí) "uncle/auntie", as if they were your own relatives. Addressing the older generations by their names is considered very rude in Chinese culture.

"你" or "您"? Although both are translated as "you" in English, 您 is used to show respect when addressing, for example, your parents, grandparents, or boss. On the other hand, 你 is used to address friends and peers.

2) **Measure words**

Measure words are unique to Chinese, and are mandatory when using a noun with a numeral, for example, "one car" is 一辆车 (yī liàng chē) and "three bedrooms" is 三间卧室 (sān jiān wò shì). In these cases, the measure words are 辆 (liàng) and 间 (jiān) respectively. There are many different measure words in Chinese, and they are used for different types of objects.

5

The most common measure word is 个 (gè) and this can be treated as a "default option" when you don't know the exact measure word to use.

3) **Tones for 一 and 不**

To maintain consistency, we use yī (first tone) as the Pinyin for the character 一 and bù (fourth tone) for the character 不. This is in line with the authoritative Contemporary Chinese Dictionary. However, the pronunciations for these two characters may vary according to the tones of the characters that proceed or follow them, as shown below:

一

	TONE	EXAMPLES
When it's the last character of a phrase or sentence	First tone	第一 (dì yī) first 统一 (tǒng yī) unity
When followed by characters of the first, second, and third tones	Fourth tone	一天 (yì tiān) one day 一起 (yì qǐ) together
When followed by characters of the fourth tone	Second tone	一夜 (yí yè) one night 一切 (yí qiè) all

不

	TONE	EXAMPLES
When it's the last character of a phrase or sentence	Fourth tone	绝不 (jué bù) never 也不 (yě bù) nor
When followed by characters of the first, second, and third tones	Fourth tone	不行 (bù xíng) no 不好 (bù hǎo) bad
When followed by characters of the fourth tone	Second tone	不错 (bú cuò) good 不去 (bú qù) not going to

FREE AUDIO

We have created a free audio resource to help you learn and practise the Chinese words for all of the images shown in this dictionary. The Chinese words in each chapter are spoken by native speakers, giving you the opportunity to listen to each word twice and repeat it yourself. Download the audio from the website below to learn all of the vocabulary you need for communicating in Chinese.

www.collins.co.uk/visualdictionary

Whether you're going to be visiting China, or even staying there for a while, you'll want to be able to chat with people and get to know them better. Being able to communicate effectively with acquaintances, friends, family, and colleagues is key to becoming more confident in Mandarin Chinese in a variety of everyday situations.

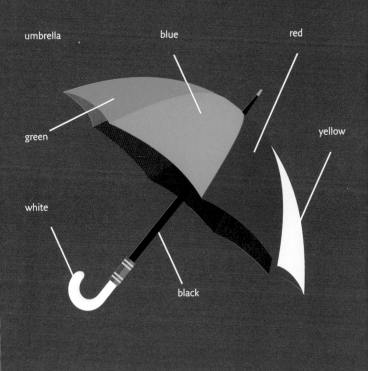

Hello.
你好。
nǐ hǎo

Hi!
嗨！
hēi

Good morning/
evening.
早/晚上好。
zǎo/wǎn shàng hǎo

Good afternoon.
下午好。
xià wǔ hǎo

Good night.
晚安。
wǎn ān

See you soon.
回头见。
huí tóu jiàn

See you tomorrow.
明天见。
míng tiān jiàn

Bye!
再见。
zài jiàn

Have a good day!
今天过得愉快！
jīn tiān guò de yú kuài

Yes.
是的。
shì de

No.
不是。
bù shì

I don't know.
我不知道。
wǒ bù zhī dào

please
请
qǐng

Yes, please.
好的，请。
hǎo de，qǐng

Thank you.
谢谢。
xiè xie

No, thanks.
不，谢谢。
bù，xiè xie

Excuse me.
请问。
qǐng wèn

Sorry?
什么？
shén me

I'm sorry.
对不起。
duì bù qǐ

OK!
好的！
hǎo de

You're welcome.
不客气。
bù kè qì

I don't understand.
我没听懂。
wǒ méi tīng dǒng

YOU SHOULD KNOW...

Shaking hands is important for Chinese people when meeting and parting, especially in formal settings. However, a kiss on the cheek or an embrace might be considered rude as most people are still unfamiliar with these gestures of affection.

How old are you?
你多少岁？
nǐ duō shǎo suì

When is your birthday?
你的生日是什么
时候？
nǐ de shēng rì shì shén
me shí hou

I'm ... years old.
我···岁。
wǒ ... suì

I was born in...
我是···生的。
wǒ shì ... shēng de

Where do you live?
你住哪里？
nǐ zhù nǎ lǐ

Where are you from?
你从哪里来？
nǐ cóng nǎ lǐ lái

I'm from...
我从···来。
wǒ cóng ... lái

I live in...
我住在···。
wǒ zhù zài

I'm...
我是···。
wǒ shì

Scottish
苏格兰的/人
sū gé lán de/rén

English
英格兰的/人
yīng gé lán de/rén

Irish
爱尔兰的/人
ài ěr lán de/rén

Welsh
威尔士的/人
wēi ěr shì de/rén

British
英国的/人
yīng guó de/rén

Are you married/
single?
你结婚了/单身
吗？
nǐ jié hūn le/dān shēn ma

I'm married.
我结婚了。
wǒ jié hūn le

I have a partner.
我有伴侣。
wǒ yǒu bàn lǚ

I'm single.
我单身。
wǒ dān shēn

I'm divorced.
我离婚了。
wǒ lí hūn le

I'm widowed.
我丧偶。
wǒ sàng ǒu

Do you have any
children?
你有孩子吗？
nǐ yǒu hái zi ma

I have ... children.
我有···个孩子。
wǒ yǒu ... gè hái zi

I don't have any
children.
我没有孩子。
wǒ méi yǒu hái zi

9

This is my...
这是我的…。
zhè shì wǒ de

These are my...
这些是我的…。
zhè xiē shì wǒ de

husband
丈夫
zhàng fu

wife
妻子
qī zǐ

boyfriend
男朋友
nán péng you

girlfriend
女朋友
nǚ péng you

partner
伴侣
bàn lǚ

fiancé/fiancée
未婚夫/妻
wèi hūn fū/qī

son
儿子
ér zi

daughter
女儿
nǚ ér

parents
父母
fù mǔ

mother
母亲
mǔ qīn

father
父亲
fù qīn

brother
兄弟
xiōng dì

sister
姐妹
jiě mèi

grandfather
祖父
zǔ fù

grandmother
祖母
zǔ mǔ

granddaughter
孙女
sūn nǚ

grandson
孙子
sūn zi

mother-in-law
婆母/岳母
pó mǔ/yuè mǔ

father-in-law
公公/岳父
gōng gong/yuè fù

daughter-in-law
儿媳妇
ér xí fù

stepson
继子
jì zǐ

cousin
堂/表兄弟姊妹
táng/biǎo xiōng dì zǐ mèi

son-in-law
女婿
nǚ xu

stepdaughter
继女
jì nǚ

extended family
亲戚
qīn qi

brother-in-law
姐夫/妹夫
jiě fu/mèi fu

uncle
叔叔/舅舅
shū shu/jiù jiu

friend
朋友
péng you

sister-in-law
嫂子/弟妹
sǎo zi/dì mèi

aunt
姑妈/姨妈
gū mā/yí mā

baby
婴儿
yīng ér

stepmother
继母
jì mǔ

nephew
侄子/外甥
zhí zi/wài sheng

child
孩子
hái zi

stepfather
继父
jì fù

niece
侄女/外甥女
zhí nǚ/wài sheng nǚ

teenager
青少年
qīng shào nián

YOU SHOULD KNOW...

You may have noticed that relatives from the maternal side and paternal side have different names. For example, an aunt from your father's side is 姑姑 (gū gu) but one from your mother's side is called 姨姨 (yí yi). When talking about your siblings, their age (as compared to your own) is always indicated, for example, 哥哥 (gē ge) is older brother and 弟弟 (dì di) is younger brother.

How are you?
你好吗？
nǐ hǎo ma

How's it going?
最近好吗？
zuì jìn hǎo ma

Very well, thanks, and you?
挺好的，谢谢。你呢？
tǐng hǎo de , xiè xie.
nǐ ne

Great!
挺好的。
tǐng hǎo de

So-so.
还行吧。
hái xíng ba

Could be worse.
一般般。
yī bān bān

I'm fine.
我还好。
wǒ hái hǎo

I'm tired.
我累了。
wǒ lèi le

I'm hungry/thirsty.
我饿了/渴了。
wǒ è le/kě le

I'm full.
我吃饱了。
wǒ chī bǎo le

I'm cold.
我很冷。
wǒ hěn lěng

I'm warm.
我挺暖和。
wǒ tǐng nuǎn huo

happy
快乐的
kuài lè de

excited
兴奋的
xīng fèn de

surprised
惊奇的
jīng qí de

annoyed
恼怒的
nǎo nù de

sad
悲伤的
bēi shāng de

worried
担忧的
dān yōu de

afraid
害怕的
hài pà de

bored
无聊的
wú liáo de

I feel...
我觉得…。
wǒ jué de

well
健康的
jiàn kāng de

unwell
生病的
shēng bìng de

better
好转的
hǎo zhuǎn de

worse
更坏的
gèng huài de

Where do you work?
你在哪儿工作？
nǐ zài nǎr gōng zuò

What do you do?
你做什么工作？
nǐ zuò shén me gōng zuò

What's your occupation?
你的职业是？
nǐ de zhí yè shì

Do you work/study?
你在上班/上学吗？
nǐ zài shàng bān/shàng xué ma

I'm self-employed.
我是自由职业者。
wǒ shì zì yóu zhí yè zhě

I'm unemployed.
我没有工作。
wǒ méi yǒu gōng zuò

I'm at university.
我在上大学。
wǒ zài shàng dà xué

I'm retired.
我退休了。
wǒ tuì xiū le

I'm travelling.
我在旅游。
wǒ zài lǚ yóu

I work from home.
我在家里工作。
wǒ zài jiā lǐ gōng zuò

I work part-/full-time.
我兼职/我全职。
wǒ jiān zhí/wǒ quán zhí

I'm a/an...
我是…。
wǒ shì

builder
建筑工人
jiàn zhù gōng rén

chef
厨师
chú shī

civil servant
公务员
gōng wù yuán

cleaner
清洁工人
qīng jié gōng rén

dentist
牙医
yá yī

doctor
医生
yī shēng

driver
司机
sī jī

electrician
电工
diàn gōng

engineer
工程师
gōng chéng shī

farmer
农民
nóng mín

firefighter
消防员
xiāo fáng yuán

fisherman
渔民
yú mín

IT worker
信息技术工作者
xìn xī jì shù gōng zuò zhě

joiner
木工
mù gōng

journalist
新闻记者
xīn wén jì zhě

lawyer
律师
lǜ shī

mechanic 技工 jì gōng	soldier 士兵 shì bīng	factory 工厂 gōng chǎng
nurse 护士 hù shi	teacher 老师 lǎo shī	government 政府 zhèng fǔ
office worker 办公室人员 bàn gōng shì rén yuán	vet 兽医 shòu yī	hospital 医院 yī yuàn
plumber 管道工 guǎn dào gōng	waiter 服务员 fú wù yuán	hotel 酒店 jiǔ diàn
police officer 警察 jǐng chá	waitress 女服务员 nǚ fú wù yuán	office 办公室 bàn gōng shì
sailor 水手 shuǐ shǒu	I work at/in... 我在···上班。 wǒ zài ... shàng bān	restaurant 餐馆 cān guǎn
salesperson 销售员 xiāo shòu yuán	business 生意 shēng yi	school 学校 xué xiào
scientist 科学家 kē xué jiā	company 公司 gōng sī	shop 商店 shāng diàn

YOU SHOULD KNOW...

When talking about someone's occupation, the two most commonly used measure words are 位 (wèi) and 名 (míng), for example, with "engineer" 一位工程师 (yī wèi gōng chéng shī) or with "sailor" 一名水手 (yī míng shuǐ shǒu).

morning
早晨
zǎo chén

afternoon
下午
xià wǔ

evening
晚间
wǎn jiān

night
夜晚
yè wǎn

midday
正午
zhèng wǔ

midnight
午夜
wǔ yè

What time is it?
几点了？
jǐ diǎn le

It's nine o'clock.
九点。
jiǔ diǎn

It's quarter past nine.
九点一刻。
jiǔ diǎn yī kè

It's half past nine.
九点半。
jiǔ diǎn bàn

It's quarter to ten.
差一刻十点。
chà yī kè shí diǎn

It's 10 a.m.
早上十点。
zǎo shàng shí diǎn

It's 5 p.m.
下午五点。
xià wǔ wǔ diǎn

It's 17:30.
下午五点半。
xià wǔ wǔ diǎn bàn

When...?
什么时候···？
shén me shí hou

... in 60 seconds.
···在六十秒内。
zài liù shí miǎo nèi

... in two minutes.
···在两分钟内。
zài liǎng fēn zhōng nèi

... in an hour.
···在一小时内。
zài yī xiǎo shí nèi

... in quarter of an hour.
···在一刻钟内。
zài yī kè zhōng nèi

... in half an hour.
···在半小时内。
zài bàn xiǎo shí nèi

early
早的
zǎo de

late
迟的
chí de

soon
很快
hěn kuài

later
晚一点
wǎn yī diǎn

now
现在
xiàn zài

Monday
星期一
xīng qī yī

Wednesday
星期三
xīng qī sān

Friday
星期五
xīng qī wǔ

Sunday
星期天
xīng qī tiān

Tuesday
星期二
xīng qī èr

Thursday
星期四
xīng qī sì

Saturday
星期六
xīng qī liù

January
一月
yī yuè

April
四月
sì yuè

July
七月
qī yuè

October
十月
shí yuè

February
二月
èr yuè

May
五月
wǔ yuè

August
八月
bā yuè

November
十一月
shí yī yuè

March
三月
sān yuè

June
六月
liù yuè

September
九月
jiǔ yuè

December
十二月
shí èr yuè

day
白天
bái tiān

month
月
yuè

weekly
一周一次的
yī zhōu yī cì de

weekend
周末
zhōu mò

year
年
nián

fortnightly
每两周的
měi liǎng zhōu de

week
星期
xīng qī

decade
十年
shí nián

monthly
每月的
měi yuè de

fortnight
两星期
liǎng xīng qī

daily
每天的
měi tiān de

yearly
每年的
měi nián de

today
今天
jīn tiān

tonight
今晚
jīn wǎn

tomorrow
明天
míng tiān

yesterday
昨天
zuó tiān

the day after tomorrow
后天
hòu tiān

the day before
yesterday
前天
qián tiān

on Mondays
在每周一
zài měi zhōu yī

every Sunday
每周天
měi zhōu tiān

last Thursday
上周四
shàng zhōu sì

next Friday
下周五
xià zhōu wǔ

the week before
上一周
shàng yī zhōu

the week after
下一周
xià yī zhōu

in February
在二月
zài èr yuè

in 2018
在2018年
zài èr líng yī bā nián

in the '80s
在80年代
zài bā shí nián dài

What day is it?
今天星期几？
jīn tiān xīng qī jǐ

What is today's date?
今天几号？
jīn tiān jǐ hào

spring
春天
chūn tiān

summer
夏天
xià tiān

autumn
秋天
qiū tiān

winter
冬天
dōng tiān

in spring
在春季
zài chūn jì

in winter
在冬季
zài dōng jì

How's the weather?
今天天气怎么
样？
jīn tiān tiān qì zěn me yàng

What's the forecast for today/tomorrow?
天气预报说今/明
天天气怎么样？
tiān qì yù bào shuō jīn/ míng tiān tiān qì zěn me yàng

Is it going to rain?
会下雨吗？
huì xià yǔ ma

What a lovely day!
天气真好啊！
tiān qì zhēn hǎo a

What awful weather!
天气真糟糕啊！
tiān qì zhēn zāo gāo a

It's sunny.
今天有太阳。
jīn tiān yǒu tài yáng

It's cloudy.
今天多云。
jīn tiān duō yún

It's misty.
今天雾蒙蒙的。
jīn tiān wù méng méng de

It's foggy/stormy.
今天有雾/风
暴。
jīn tiān yǒu wù/fēng bào

It's freezing.
今天特别冷。
jīn tiān tè bié lěng

It's raining/snowing.
今天下雨/雪。
jīn tiān xià yǔ/xuě

It's windy.
今天刮风。
jīn tiān guā fēng

It is...
天气…。
tiān qì

nice
好的
hǎo de

horrible
不好的
bù hǎo de

hot
热的
rè de

warm
温暖的
wēn nuǎn de

cool
凉爽的
liáng shuǎng de

wet
潮湿的
cháo shī de

humid
潮湿的
cháo shī de

mild
温和的
wēn hé de

hail
冰雹
bīng báo

ice
冰
bīng

gale
大风
dà fēng

thunder
雷
léi

lightning
闪电
shǎn diàn

TRANSPORT | 交通

Travelling in China has never been easier and faster. There are over 2 million domestic flights taking off from its 158 airports every year. China also has the longest high-speed railways in the world, totalling over 25,000 kilometres. Cities like Beijing and Shanghai have good, modern underground systems, and other cities are catching up. However, growing car ownership can sometimes mean traffic problems in Chinese cities.

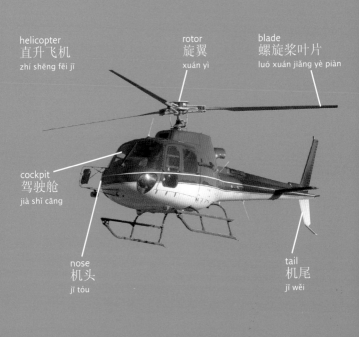

helicopter
直升飞机
zhí shēng fēi jī

rotor
旋翼
xuán yì

blade
螺旋桨叶片
luó xuán jiǎng yè piàn

cockpit
驾驶舱
jià shǐ cāng

nose
机头
jī tóu

tail
机尾
jī wěi

YOU MIGHT SAY...

Excuse me...
请问···
qǐng wèn

Where is...?
···在哪儿？
... zài nǎr

What's the quickest way to...?
到···最快的路是？
dào ... zuì kuài de lù shì

Is it far from here?
离这儿远吗？
lí zhèr yuǎn ma

I'm lost.
我迷路了。
wǒ mí lù le

Can I walk there?
走路能到吗？
zǒu lù néng dào ma

Is there a bus/train to...?
有去···的公共汽车/火车
吗？
yǒu qù ... de gōng gòng qì chē/huǒ chē ma

A single/return ticket, please.
请给我一张单程/往返票。
qǐng gěi wǒ yī zhāng dān chéng/wǎng fǎn piào

YOU MIGHT HEAR...

It's over there.
在那边。
zài nà biān

It's in the other direction.
在那个方向。
zài nà gè fāng xiàng

It's ... minutes away.
离这里···分钟。
lí zhè lǐ ... fēn zhōng

Go straight ahead.
往前直走。
wǎng qián zhí zǒu

Turn left/right.
左/右转。
zuǒ/yòu zhuǎn

It's next to/near to...
在···旁边/附近。
zài ... páng biān/fù jìn

It's opposite...
在···对面。
zài ... duì miàn

Follow the signs for...
跟着去···的标志牌。
gēn zhe qù ... de biāo zhì pái

VOCABULARY

street
街
jiē

commuter
乘车上下班的人
chéng chē shàng xià bān
de rén

driver
司机
sī jī

passenger
乘客
chéng kè

pedestrian
行人
xíng rén

traffic
交通
jiāo tōng

traffic jam
交通堵塞
jiāo tōng dǔ sè

rush hour
高峰时间
gāo fēng shí jiān

public transport
公共交通
gōng gòng jiāo tōng

taxi
出租车
chū zū chē

taxi rank
出租车搭乘点
chū zū chē dā chéng diǎn

directions
说明
shuō míng

route
路线
lù xiàn

to walk
走
zǒu

to drive
驾驶
jià shǐ

to turn
转弯
zhuǎn wān

to commute
乘车上下班
chéng chē shàng xià bān

to take a taxi
打车
dǎ chē

YOU SHOULD KNOW...

At pedestrian crossings, be aware that traffic lights will go straight from red to green. Also, in many Chinese cities, cars turning right don't stop at red lights!

map
地图
dì tú

road sign
路标
lù biāo

timetable
时刻表
shí kè biǎo

Traffic drives on the right-hand side in China. Just as in the UK, drivers must have their driving licence, insurance, registration documents, and ID to hand when driving. However, a driver is not insured for a particular car; as long as you have a valid licence, you can drive any car.

YOU MIGHT SAY...

Is this the road to...?
这是去…的路吗？
zhè shì qù … de lù ma

Can I park here?
我可以停在这儿吗？
wǒ kě yǐ tíng zài zhèr ma

Do I have to pay to park?
停车收费吗？
tíng chē shōu fèi ma

Where can I hire a car?
我可以在哪里租车？
wǒ kě yǐ zài nǎ lǐ zū chē

I'd like to hire a car...
我想租辆车…
wǒ xiǎng zū liàng chē

... for four days.
…四天。
sì tiān

... for a week.
…一周。
yī zhōu

What is your daily/weekly rate?
每日/每周收费是多少？
měi rì/měi zhōu shōu fèi shì duō shǎo

When/Where must I return it?
什么时候/在哪儿还车？
shén me shí hou/zài nǎr huán chē

Where is the nearest petrol station?
最近的加油站在哪儿？
zuì jìn de jiā yóu zhàn zài nǎr

I'd like ... yuan of fuel, please.
我想加…元（钱）的油。
wǒ xiǎng jiā … yuán (qián) de yóu

I'd like ... litres of fuel, please.
我想加…升油。
wǒ xiǎng jiā … shēng yóu

It's pump number...
…号加油机。
… hào jiā yóu jī

You can/can't park here.
你可以/不能停在这儿。
nǐ kě yǐ/bù néng tíng zài zhèr

It's free to park here.
停车免费。
tíng chē miǎn fèi

It costs ... to park here.
停在这里要···钱。
tíng zài zhè lǐ yào ... qián

Car hire is ... per day.
租车是···（钱）一天。
zū chē shì ... (qián) yī tiān

May I see your documents, please?
我可以看看你的证件吗？
wǒ kě yǐ kàn kan nǐ de zhèng jiàn ma

Please return it to...
请归还至···。
qǐng guī huán zhì

Please return the car with a full tank of fuel.
还车前请加满油。
huán chē qián qǐng jiā mǎn yóu

Which pump are you at?
你停在几号加油机？
nǐ tíng zài jǐ hào jiā yóu jī

How much fuel would you like?
你要加多少油？
nǐ yào jiā duō shǎo yóu

VOCABULARY

people carrier
三排座家用轿车
sān pái zuò jiā yòng jiào chē

caravan
旅游房车
lǚ yóu fáng chē

motorhome
旅宿车
lǚ sù chē

passenger seat
乘客座位
chéng kè zuò wèi

driver's seat
司机座位
sī jī zuò wèi

back seat
后排座位
hòu pái zuò wèi

child seat
儿童座位
ér tóng zuò wèi

sunroof
天窗
tiān chuāng

engine
发动机
fā dòng jī

automatic
自动档汽车
zì dòng dǎng qì chē

electric
电动汽车
diàn dòng qì chē

hybrid
混合动力汽车
hùn hé dòng lì qì chē

battery 电池 diàn chí	fuel tank 油箱 yóu xiāng	to park 停车 tíng chē
brake 刹车 shā chē	gearbox 齿轮箱 chǐ lún xiāng	to reverse 倒车 dào chē
accelerator 加速器 jiā sù qì	Breathalyser® 测醉器 cè zuì qì	to slow down 减速 jiǎn sù
air conditioning 空调 kōng tiáo	transmission 变速器 biàn sù qì	to speed 加速/超速 jiā sù/chāo sù
clutch 离合器踏板 lí hé qì tà bǎn	to brake 制动 zhì dòng	to start the engine 发动引擎 fā dòng yǐn qíng
exhaust (pipe) 排气管 pái qì guǎn	to overtake 超过 chāo guò	to stop 停止 tíng zhǐ

You need to get a Chinese driving licence before renting a car in China.

INTERIOR

dashboard
仪表盘
yí biǎo pán

fuel gauge
燃油量表
rán yóu liàng biǎo

gearstick
变速杆
biàn sù gān

glove compartment
储物箱
chǔ wù xiāng

handbrake
手闸
shǒu zhá

headrest
头垫
tóu diàn

ignition
点火装置
diǎn huǒ zhuāng zhì

rearview mirror
后视镜
hòu shì jìng

sat nav
导航仪
dǎo háng yí

seatbelt
安全带
ān quán dài

speedometer
时速表
shí sù biǎo

steering wheel
方向盘
fāng xiàng pán

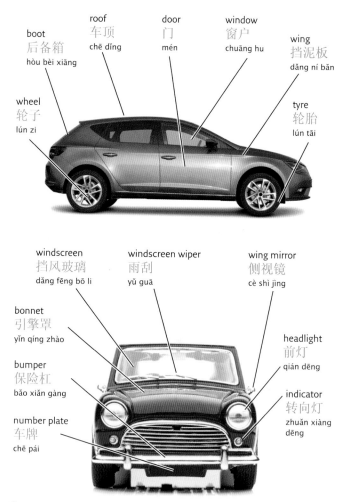

boot
后备箱
hòu bèi xiāng

roof
车顶
chē dǐng

door
门
mén

window
窗户
chuāng hu

wing
挡泥板
dǎng ní bǎn

wheel
轮子
lún zi

tyre
轮胎
lún tāi

windscreen
挡风玻璃
dǎng fēng bō li

windscreen wiper
雨刮
yǔ guā

wing mirror
侧视镜
cè shì jìng

bonnet
引擎罩
yǐn qíng zhào

bumper
保险杠
bǎo xiǎn gàng

number plate
车牌
chē pái

headlight
前灯
qián dēng

indicator
转向灯
zhuǎn xiàng
dēng

Unfortunately foreign driving licences don't allow you to drive in China; drivers have to acquire a Chinese licence first. However, if you already have a driving licence, you don't need to take the road test, only the theory test, to apply for a Chinese licence.

VOCABULARY

tarmac®
沥青碎石路面
lì qīng suì shí lù miàn

speed limit
限速
xiàn sù

car hire/rental
租车
zū chē

corner
转弯处
zhuǎn wān chù

diversion
临时绕行路
lín shí rào xíng lù

unleaded petrol
无铅汽油
wú qiān qì yóu

exit
出口
chū kǒu

driving licence
驾照
jià zhào

diesel
柴油
chái yóu

slip road
高速公路匝道
gāo sù gōng lù zā dào

car registration
document
车辆注册文件
chē liàng zhù cè wén jiàn

roadworks
道路维修
dào lù wéi xiū

layby
路侧停车带
lù cè tíng chē dài

car insurance
车保险
chē bǎo xiǎn

parking meter
停车收费机
tíng chē shōu fèi jī

YOU SHOULD KNOW...

Speed limits on Chinese roads go by kmph, not mph. The speed limits for different types of roads are:
motorways – 120 kmph
1st grade roads – 100 kmph
2nd grade roads – 80 kmph.
There is also a lower limit which is 60 kmph for motorways.

bridge
桥
qiáo

car park
停车场
tíng chē chǎng

car wash
洗车场
xǐ chē chǎng

fuel pump
加油泵
jiā yóu bèng

junction
汇合处
huì hé chú

kerb
路缘
lù yuán

lane
车道
chē dào

motorway
高速公路
gāo sù gōng lù

parking space
停车位
tíng chē wèi

pavement
人行道
rén xíng dào

petrol station
加油站
jiā yóu zhàn

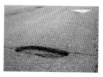

pothole
坑洼
kēng wā

road
道路
dào lù

speed camera
超速摄像头
chāo sù shè xiàng tóu

ticket machine
购票机
gòu piào jī

toll point
收费站
shōu fèi zhàn

traffic lights
交通灯
jiāo tōng dēng

traffic cone
锥形交通路标
zhuī xíng jiāo tōng lù biāo

traffic warden
交通管理员
jiāo tōng guǎn lǐ yuán

tunnel
隧道
suì dào

zebra crossing
斑马线
bān mǎ xiàn

If you break down on the motorway, call either the police or the breakdown service (which is normally provided by your car dealership). Otherwise, call 122 to contact the emergency services.

YOU MIGHT SAY...

Can you help me?
你可以帮我吗？
nǐ kě yǐ bāng wǒ ma

I've broken down.
我的车坏了。
wǒ de chē huài le

I've had an accident.
我的车出了事故。
wǒ de chē chū le shì gù

I've run out of petrol.
我的车没油了。
wǒ de chē méi yóu le

I've got a flat tyre.
我的车胎破了。
wǒ de chē tāi pò le

I've lost my car keys.
我丢了我的车钥匙。
wǒ diū le wǒ de chē yào shi

The car won't start.
车不能发动。
chē bù néng fā dòng

I've been injured.
我受伤了。
wǒ shòu shāng le

Call an ambulance.
请叫救护车。
qǐng jiào jiù hù chē

Can you send a breakdown van?
可以派一辆救援车吗？
kě yǐ pài yī liàng jiù yuán chē ma

Is there a garage/petrol station nearby?
附近有修车厂/加油站吗？
fù jìn yǒu xiū chē chǎng/jiā yóu zhàn ma

Can you tow me to a garage?
你能把我的车拖到修车厂去吗？
nǐ néng bǎ wǒ de chē tuō dào xiū chē chǎng qù ma

Can you help me change this wheel?
你能帮我换轮胎吗？
nǐ néng bāng wǒ huàn lún tāi ma

How much will a repair cost?
修理需要多少钱？
xiū lǐ xū yào duō shǎo qián

When will the car be fixed?
车什么时候能修好？
chē shén me shí hou néng xiū hǎo

YOU MIGHT HEAR...

Do you need any help?
你需要帮助吗？
nǐ xū yào bāng zhù ma

Are you hurt?
你受伤了吗？
nǐ shòu shāng le ma

What's wrong with your car?
你的车怎么了？
nǐ de chē zěn me le

Where have you broken down?
你的车坏在哪儿了？
nǐ de chē huài zài nǎr le

I can give you a jumpstart
我可以用跨接引线帮你发动车。
wǒ kě yǐ yòng kuà jiē yǐn xiàn bāng nǐ fā dòng chē

The repairs will cost...
修理要…（钱）。
xiū lǐ yào ... (qián)

We need to order new parts.
我们需要订购新零件。
wǒ men xū yào dìng gòu xīn líng jiàn

The car will be ready by...
车到…就修好了。
chē dào ... jiù xiū hǎo le

I need your insurance details.
我需要知道你的车的保险情况。
wǒ xū yào zhī dào nǐ de chē de bǎo xiǎn qíng kuàng

Do you have your driving licence?
你带了驾照吗？
nǐ dài le jià zhào ma

VOCABULARY

accident
事故
shì gù

breakdown
故障
gù zhàng

collision
碰撞
pèng zhuàng

flat tyre
瘪车胎
biě chē tāi

mechanic
技工
jì gōng

garage
汽车修理厂
qì chē xiū lǐ chǎng

to break down
坏掉了
huài diào le

to have an accident
出事故
chū shì gù

to have a flat tyre
车胎瘪了
chē tāi biě le

to change a tyre	to tow	to repair
换轮胎	拖	修好
huàn lún tāi	tuō	xiū hǎo

airbag
安全气囊
ān quán qì náng

antifreeze
防冻剂
fáng dòng jì

garage
修车厂
xiū chē chǎng

jack
千斤顶
qiān jīn dǐng

jump leads
跨接电线
kuà jiē diàn xiàn

snow chains
防滑链
fáng huá liàn

spare wheel
备用轮胎
bèi yòng lún tāi

tow truck
拖车
tuō chē

warning triangle
三角形警戒标志
sān jiǎo xíng jǐng jiè biāo zhì

Local bus services are often well organized and useful; for longer journeys, rail services are usually faster and more frequent than bus or coach services. However, long-distance coaches are much cheaper than trains.

YOU MIGHT SAY...

Is there a bus to...?
有去…的公共车吗？
yǒu qù … de gōng gòng chē ma

When is the next bus to...?
下一趟去…的公共车是什么时候？
xià yī tàng qù … de gōng gòng chē shì shén me shí hou

Which bus goes to the city centre?
哪趟车去市中心？
nǎ tàng chē qù shì zhōng xīn

Where is the bus stop?
公共汽车站在哪儿？
gōng gòng qì chē zhàn zài nǎr

Which stand does the coach leave from?
大巴车从哪个站台发车？
dà bā chē cóng nǎ gè zhàn tái fā chē

How frequent are buses to...?
去…的公车多久一班？
qù … de gōng chē duō jiǔ yī bān

Where can I buy tickets?
在哪儿买票？
zài nǎr mǎi piào

How much is it to go to...?
去…的票多少钱？
qù … de piào duō shǎo qián

A full/half fare, please.
请给我一张全价/半价票。
qǐng gěi wǒ yī zhāng quán jià/bàn jià piào

Could you tell me when to get off?
请告诉我什么时候下车？
qǐng gào sù wǒ shén me shí hou xià chē

How many stops is it?
有多少站？
yǒu duō shǎo zhàn

I want to get off at the next stop, please.
请让我在下一站下车。
qǐng ràng wǒ zài xià yī zhàn xià chē

YOU SHOULD KNOW...

In most Chinese cities, people are required to get on the bus at the front door and get off at the back door.

The number 17 goes to...
17路去…。
shí qī lù qù

You can/can't buy tickets on the bus.
你可以/不能在车上买票。
nǐ kě yǐ/bù néng zài chē shàng mǎi piào

The bus stop is down the road.
车站在路那边。
chē zhàn zài lù nà biān

You buy tickets at the machine/office.
你可以在售票机/售票处买票。
nǐ kě yǐ zài shòu piào jī/shòu piào chù mǎi piào

It leaves from stand 21.
从21号站台发车。
cóng èr shí yī hào zhàn tái fā chē

VOCABULARY

bus route
公车路线
gōng chē lù xiàn

bus stop
公共汽车站
gōng gòng qì chē zhàn

shuttle bus
班车
bān chē

bus lane
公交车道
gōng jiāo chē dào

fare
费用
fèi yòng

school bus
校车
xiào chē

bus pass
公车通行证
gōng chē tōng xíng zhèng

full/half fare
全/半价
quán/bàn jià

airport bus
机场巴士
jī chǎng bā shì

bus station
公交总站
gōng jiāo zǒng zhàn

concession
优惠价
yōu huì jià

to catch the bus
赶公车
gǎn gōng chē

bus
公共汽车
gōng gòng qì chē

coach
长途客车
cháng tú kè chē

minibus
小巴士
xiǎo bā shì

34

Motorbikes are banned in some Chinese cities, whereas scooters are a popular and permitted form of transport in most places. In order to ride either, you have to obtain a licence.

VOCABULARY

motorcyclist
摩托车驾驶者
mó tuō chē jià shǐ zhě

moped
机动脚踏两用车
jī dòng jiǎo tà liǎng yòng chē

scooter
轻骑
qīng qí

fuel tank
油箱
yóu xiāng

handlebars
车把
chē bǎ

headlight
前灯
qián dēng

mudguard
挡泥板
dǎng ní bǎn

kickstand
支架
zhī jià

exhaust pipe
排气管
pái qì guǎn

boots
靴子
xuē zi

crash helmet
头盔
tóu kuī

helmet cam
头盔摄像头
tóu kuī shè xiàng tóu

leather gloves
皮手套
pí shǒu tào

leather jacket
皮夹克
pí jiá kè

motorbike
摩托车
mó tuō chē

A huge number of people use bikes in China. "Public bike sharing" is very popular: there are thousands of "public" bikes placed at various locations. People can rent these bikes through a mobile phone app. They pay very little and return the bikes to any stand near their destination.

YOU MIGHT SAY...

Where can I hire a bicycle?
我可以在哪里租自行车？
wǒ kě yǐ zài nǎ lǐ zū zì xíng chē

How much is it to hire?
租金是多少？
zū jīn shì duō shǎo

My bike has a puncture.
我的自行车爆胎了。
wǒ de zì xíng chē bào tāi le

YOU MIGHT HEAR...

Bike hire is ... per day/week.
租金是···每天/每周。
zū jīn shì ... měi tiān/měi zhōu

You must wear a helmet.
你必须带头盔。
nǐ bì xū dài tóu kuī

There's a cycle path from ... to...
从···到···有自行车道。
cóng ... dào ... yǒu zì xíng chē dào

VOCABULARY

cyclist 骑自行车者 qí zì xíng chē zhě	bike stand 自行车站 zì xíng chē zhàn	to get a puncture 扎破轮胎 zhā pò lún tāi
mountain bike 山地自行车 shān dì zì xíng chē	child seat 儿童座 ér tóng zuò	to cycle 骑自行车 qí zì xíng chē
road bike 公路自行车 gōng lù zì xíng chē	cycle lane/path 自行车道 zì xíng chē dào	to go for a bike ride 骑车出游 qí chē chū yóu

YOU SHOULD KNOW...

Most cities have dedicated cycle lanes. Cars are also allowed to use these lanes, but only under certain circumstances.

ACCESSORIES

bell
铃
líng

bike lock
自行车锁
zì xíng chē suǒ

front light
前灯
qián dēng

helmet
头盔
tóu kuī

pump
自行车打气筒
zì xíng chē dǎ qì tǒng

reflector
反光片
fǎn guāng piàn

BICYCLE

handlebars
车把
chē bǎ

gears
变速器
biàn sù qì

crossbar
车梁
chē liáng

saddle
车座
chē zuò

frame
车架
chē jià

brake
刹车
shā chē

wheel
轮轴
lún zhóu

chain
链
liàn

tyre
轮胎
lún tāi

pedal
踏板
tà bǎn

A high-speed railway system which links 373 cities is currently being developed in China. Tickets can be booked online, via travel agencies, or bought at the station.

YOU MIGHT SAY…

Is there a train to…?
有去…的火车吗？
yǒu qù … de huǒ chē ma

When is the next train to…?
下一趟去…的火车是几点？
xià yī tàng qù … de huǒ chē shì jǐ diǎn

Where is the nearest metro station?
最近的地铁站在哪儿？
zuì jìn de dì tiě zhàn zài nǎr

Which platform does it leave from?
从几号站台发车？
cóng jǐ hào zhàn tái fā chē

Which line do I take for…?
去…坐几号线？
qù … zuò jǐ hào xiàn

A ticket to…, please.
请给我一张去…的票。
qǐng gěi wǒ yī zhāng qù … de piào

I'd like to reserve a seat/couchette, please.
我想预定一张坐票/卧铺票。
wǒ xiǎng yù dìng yī zhāng zuò piào/wò pù piào

Do I have to change?
我需要中途换车吗？
wǒ xū yào zhōng tú huàn chē ma

Where do I change for…?
去…要在哪里换车？
qù … yào zài nǎ lǐ huàn chē

Where is platform 4?
4号站台在哪儿？
sì hào zhàn tái zài nǎr

Is this the right platform for…?
这是去…的站台吗？
zhè shì qù … de zhàn tái ma

Is this the train for…?
这是去…的火车吗？
zhè shì qù … de huǒ chē ma

Is this seat free?
这个座位有人吗？
zhè gè zuò wèi yǒu rén ma

Where is the restaurant car?
餐车在哪儿？
cān chē zài nǎr

I've missed my train!
我没赶上我的火车！
wǒ méi gǎn shàng wǒ de huǒ chē

The next train leaves at...
下一班火车···发车。
xià yī bān huǒ chē ... fā chē

Would you like a single or return ticket?
你要买单程还是往返票?
nǐ yào mǎi dān chéng hái shì wǎng fǎn piào

Would you like a first-class or a second-class ticket?
你要买一等舱还是二等舱的票?
nǐ yào mǎi yī děng cāng hái shì èr děng cāng de piào

Would you like a hard sleeper or a soft sleeper?
你想买软卧还是硬卧?
nǐ xiǎng mǎi ruǎn wò hái shì yìng wò

I'm sorry, this journey is fully booked.
对不起,这趟车没票了。
duì bù qǐ, zhè tàng chē méi piào le

You must change at...
你得在···换车。
nǐ děi zài ... huàn chē

Platform 4 is down there.
4号站台在那边。
sì hào zhàn tái zài nà biān

This is the right train/platform.
就是这趟车/这个站台。
jiù shì zhè tàng chē/zhè gè zhàn tái

You have to go to platform 2.
你得去2号站台。
nǐ děi qù èr hào zhàn tái

This seat is free/taken.
这个座位没人/有人。
zhè gè zuò wèi méi rén/yǒu rén

The restaurant car is in coach D.
餐车在D车厢。
cān chē zài D chē xiāng

The next stop is...
下一站是···。
xià yī zhàn shì

Change here for...
在这里换乘去···。
zài zhè lǐ huàn chéng qù

rail network
铁路网
tiě lù wǎng

passenger train
客运火车
kè yùn huǒ chē

sleeper
卧铺车
wò pù chē

high-speed train
高铁列车
gāo tiě liè chē

freight train
货运火车
huò yùn huǒ chē

soft/hard sleeper
软/硬卧
ruǎn/yìng wò

coach	line	single ticket
车厢	路线	单程票
chē xiāng	lù xiàn	dān chéng piào

porter	metro station	first-class
守门人	地铁站	一等座
shǒu mén rén	dì tiě zhàn	yī děng zuò

guard	left luggage	to change trains
保安	行李寄放处	换乘
bǎo ān	xíng li jì fàng chù	huàn chéng

YOU SHOULD KNOW...

Remember to allow plenty of time to go through security checks in the train stations of major cities.

carriage
车厢
chē xiāng

couchette
卧铺
wò pù

departure board
出发信息牌
chū fā xin xī pái

light railway
轻轨
qīng guǐ

locomotive
火车头
huǒ chē tóu

luggage rack
行李架
xíng li jià

metro
地铁
dì tiě

platform
站台
zhàn tái

restaurant car
餐车
cān chē

signal box
铁路信号房
tiě lù xìn hào fáng

ticket
票
piào

ticket barrier
检票口
jiǎn piào kǒu

ticket machine
购票机
gòu piào jī

ticket office
售票处
shòu piào chù

track
铁轨
tiě guǐ

train
火车
huǒ chē

train station
火车站
huǒ chē zhàn

tram
有轨电车
yǒu guǐ diàn chē

A lot of Chinese cities are building airports, so travelling now is more convenient than ever before. However, plane tickets are generally much more expensive than train or coach tickets.

YOU MIGHT SAY...

I'm looking for check-in/my gate.
我在找值机处/登机口。
wǒ zài zhǎo zhí jī chù/dēng jī kǒu

I'm checking in one case.
我要托运一个行李箱。
wǒ yào tuō yùn yī gè xíng li xiāng

Which gate does the plane leave from?
登机口是几号？
dēng jī kǒu shì jǐ hào

When does the gate open/close?
登机口什么时候开放/关闭？
dēng jī kǒu shén me shí hou kāi fàng/guān bì

Is the flight on time?
航班准点吗？
háng bān zhǔn diǎn ma

I would like a window/an aisle seat, please.
请给我靠窗/靠走廊的位置。
qǐng gěi wǒ kào chuāng/kào zǒu láng de wèi zhì

I've lost my luggage.
我的行李丢了。
wǒ de xíng li diū le

My flight has been delayed.
我的航班延误了。
wǒ de háng bān yán wù le

I've missed my connecting flight.
我错过了我的联程航班。
wǒ cuò guò le wǒ de lián chéng háng bān

Is there a shuttle bus service?
有机场大巴吗？
yǒu jī chǎng dà bā ma

YOU MIGHT HEAR...

Check-in has opened for flight...
…号航班开始值机。
… hào háng bān kāi shǐ zhí jī

May I see your ticket/passport, please?
我可以看看你的机票/护照吗？
wǒ kě yǐ kàn kan nǐ de jī piào/hù zhào ma

YOU MIGHT HEAR...

How many bags are you checking in?
你要托运几件行李？
nǐ yào tuō yùn jǐ jiàn xíng li

Your luggage exceeds the maximum weight.
你的行李超重了。
nǐ de xíng li chāo zhòng le

Please go to gate number...
请到···号登机口。
qǐng dào ... hào dēng jī kǒu

Your flight is on time/delayed/cancelled.
你的航班准点/延误/取消了。
nǐ de háng bān zhǔn diǎn/yán wù/qǔ xiāo le

Is this your bag?
这是你的包吗？
zhè shì nǐ de bāo ma

Flight ... is now ready for boarding.
···号航班开始登机。
... hào háng bān kāi shǐ dēng jī

Last call for passenger...
最后一次呼叫···乘客。
zuì hòu yī cì hū jiào ... chéng kè

VOCABULARY

airline
航空公司
háng kōng gōng sī

flight
航班
háng bān

Arrivals/Departures
到达/出发
dào dá/chū fā

security
安检
ān jiǎn

passport control
护照检查处
hù zhào jiǎn chá chù

customs
海关
hǎi guān

cabin crew
乘务员
chéng wù yuán

business class
商务舱
shāng wù cāng

economy class
经济舱
jīng jì chāng

aisle
走道
zǒu dào

seatbelt
安全带
ān quán dài

tray table
小桌板
xiǎo zhuō bǎn

overhead locker
头顶行李柜
tóu dǐng xíng li guì

hold
行李舱
xíng li cāng

excess baggage
超重行李
chāo zhòng xíng li

wing
机翼
jī yì

hold luggage
托运的行李
tuō yùn de xíng li

connecting flight
联程航班
lián chéng háng bān

fuselage
机身
jī shēn

hand luggage
手提行李
shǒu tí xíng li

jetlag
时差
shí chā

engine
发动机
fā dòng jī

cabin baggage
登机箱
dēng jī xiāng

to check in (online)
(网上)值机
(wǎng shàng) zhí jī

aeroplane
飞机
fēi jī

airport
机场
jī chǎng

baggage reclaim
行李领取
xíng li lǐng qǔ

boarding card
登机牌
dēng jī pái

44

cabin
机舱
jī cāng

check-in desk
值机柜台
zhí jī guì tái

cockpit
驾驶舱
jià shǐ cāng

duty-free shop
免税商店
miǎn shuì shāng diàn

holdall
手提包
shǒu tí bāo

information board
离港信息牌
lí gǎng xìn xī pái

luggage trolley
行李推车
xíng li tuī chē

passport
护照
hù zhào

pilot
飞行员
fēi xíng yuán

runway
跑道
pǎo dào

suitcase
行李箱
xíng li xiāng

terminal
航站楼
háng zhàn lóu

45

Ferry and boat services are more commonly seen around the east coast of China, where you can find both domestic and international ferries. However, some landlocked cities with big rivers also have boat services for commuters.

YOU MIGHT SAY...

When is the next boat to...?
下一班去…的船是几点？
xià yī bān qù ... de chuán shì jǐ diǎn

Where does the boat leave from?
船从哪里出发？
chuán cóng nǎ lǐ chū fā

What time is the last boat to...?
去…的最后一班船是几点？
qù ... de zuì hòu yī bān chuán shì jǐ diǎn

How long is the trip/crossing?
航程有多长？
háng chéng yǒu duō cháng

How many crossings a day are there?
一天有几班船？
yī tiān yǒu jǐ bān chuán

How much for ... passengers?
…个乘客是多少钱？
... gè chéng kè shì duō shǎo qián

How much is it for a vehicle?
车辆上船要多少钱？
chē liàng shàng chuán yào duō shǎo qián

I feel seasick.
我晕船。
wǒ yūn chuán

YOU MIGHT HEAR...

The boat leaves from...
船从…出发。
chuán cóng ... chū fā

The trip/crossing lasts...
航程是…。
háng chéng shì

There are ... crossings a day.
一天有…班船。
yī tiān yǒu ... bān chuán

The ferry is delayed/cancelled.
轮渡延误了/取消了。
lún dù yán wù le/qǔ xiāo le

Sea conditions are good/bad.
海况很好/很差。
hǎi kuàng hěn hǎo/hěn chà

ferry
渡轮
dù lún

harbour
海港
hǎi gǎng

crew
全体船员
quán tǐ chuán yuán

ferry crossing
轮渡
lún dù

port
港口
gǎng kǒu

to board
登上
dēng shàng

ferry terminal
渡船码头
dù chuán mǎ tóu

coastguard
海岸警卫队
hǎi àn jǐng wèi duì

to sail
航行
háng xíng

car deck
泊车甲板
bó chē jiǎ bǎn

captain
船长
chuán zhǎng

to dock
停靠码头
tíng kào mǎ tóu

GENERAL

anchor
锚
máo

buoy
浮标
fú biāo

gangway
舷梯
xián tī

jetty
防波堤
fáng bō dī

lifebuoy
救生圈
jiù shēng quān

lifejacket
救生衣
jiù shēng yī

lifeboat
救生艇
jiù shēng tǐng

porthole
舷窗
xián chuāng

radar
雷达
léi dá

deck
甲板
jiǎ bǎn

stern
船尾
chuán wěi

bow
船头
chuán tóu

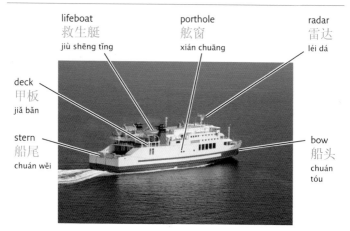

OTHER BOATS

canal boat
运河船
yùn hé chuán

inflatable dinghy
充气救生艇
chōng qì jiù shēng tǐng

liner
度假邮轮
dù jià yóu lún

sailing boat
帆船
fān chuán

trawler
拖网渔船
tuō wǎng yú chuán

yacht
游艇
yóu tǐng

IN THE HOME | 在家里

China attracts huge numbers of tourists and expats looking for a place to call their "home" for a time, whether it's for a holiday or for a longer-term stay. This could be a central city flat or a courtyard house in a picturesque village.

block of flats
公寓楼
gōng yù lóu

roof
屋顶
wū dǐng

balcony
阳台
yáng tái

window
窗户
chuāng hu

Most of China's population lives in urban areas. The most common type of residential building in China is an apartment block, usually within a "community (小区)" and built by the same developer.

YOU MIGHT SAY...

I live in.../I'm staying at...
我住在···。
wǒ zhù zài

I'm the homeowner/tenant.
我是房主/租客。
wǒ shì fáng zhǔ/zū kè

My address is...
我的地址是···
wǒ de dì zhǐ shì

I don't like this area.
我不喜欢这个地区。
wǒ bù xǐ huan zhè gè dì qū

I have a flat/house.
我住公寓/独栋房屋。
wǒ zhù gōng yù/dú dòng fáng wū

I'd like to buy/rent a property here.
我想在这儿买/租套房。
wǒ xiǎng zài zhèr mǎi/zū tào fáng

YOU MIGHT HEAR...

Where do you live?
你住哪里？
nǐ zhù nǎ lǐ

How long have you lived here?
你在这儿住了多久了？
nǐ zài zhèr zhù le duō jiǔ le

Where are you staying?
你住哪儿？
nǐ zhù nǎr

Are you the owner/tenant?
你是房东/房客吗？
nǐ shì fáng dōng/fáng kè ma

VOCABULARY

building
建筑物
jiàn zhù wù

suburb
郊区
jiāo qū

estate agent
房地产经纪人
fáng dì chǎn jīng jì rén

address
地址
dì zhǐ

letting agent
房屋中介
fáng wū zhōng jiè

landlord
房东
fáng dōng

landlady 女房东 nǚ fáng dōng	mortgage 购房按揭 gòu fáng àn jiē	to rent 租住 zū zhù
tenant 房客 fáng kè	rent 租金 zū jīn	to own 拥有 yōng yǒu
neighbour 邻居 lín jū	holiday let 度假房 dù jià fáng	to move house 搬家 bān jiā

TYPES OF BUILDING

bungalow
平房
píng fáng

courtyard house
四合院
sì hé yuàn

detached house
独栋别墅
dú dòng bié shù

high-rise block
高层公寓楼
gāo céng gōng yù lóu

studio flat
独立套间
dú lì tào jiān

villa
别墅
bié shù

As well as apartment blocks, you will find detached houses and villas in China; either in big cities owned by the very wealthy, or in the affluent countryside where farmers build their own properties.

YOU MIGHT SAY...

There's a problem with...
…有问题。
… yǒu wèn tí

It's not working.
不运转了/不工作了。
bù yùn zhuǎn le/bù gōng zuò le

The drains are blocked.
下水道堵了。
xià shuǐ dào dǔ le

The boiler has broken.
锅炉坏了。
guō lú huài le

There's no hot water.
没有热水。
méi yǒu rè shuǐ

We have a power cut.
停电了。
tíng diàn le

I need a plumber/an electrician.
我需要找一位水暖工/
电工。
wǒ xū yào zhǎo yī wèi shuǐ nuǎn gōng/
diàn gōng

Can you recommend anyone?
你能推荐一位吗?
nǐ néng tuī jiàn yī wèi ma

Can it be repaired?
能修吗?
néng xiū ma

I can smell gas/smoke.
我能闻到煤气/烟味。
wǒ néng wén dào méi qì/yān wèi

YOU MIGHT HEAR...

How long has it been broken/leaking?
坏了/漏了多长时间了?
huài le/lòu le duō cháng shí jiān le

Where is the electricity meter/water meter/fusebox?
电表/水表/保险盒在哪儿?
diàn biǎo/shuǐ biǎo/bǎo xiǎn hé zài nǎr

Here's a number for a plumber/an electrician.
这是水暖工/电工的号码。
zhè shì shuǐ nuǎn gōng/diàn gōng de hào mǎ

room
房间
fáng jiān

adaptor
适配器
shì pèi qì

satellite dish
电视天线
diàn shì tiān xiàn

ceiling
天花板
tiān huā bǎn

socket
插座
chā zuò

back door
后门
hòu mén

wall
墙壁
qiáng bì

extension cable
延长线
yán cháng xiàn

skylight
天窗
tiān chuāng

floor
地板
dì bǎn

electricity
电
diàn

light bulb
电灯泡
diàn dēng pào

battery
电池
diàn chí

air conditioning
空调
kōng tiáo

to fix
修好
xiū hǎo

plug
插头
chā tóu

central heating
中央暖气
zhōng yāng nuǎn qì

to decorate
装饰
zhuāng shì

INSIDE

boiler
锅炉
guō lú

ceiling fan
吊扇
diào shàn

fusebox
保险盒
bǎo xiǎn hé

heater
电暖气
diàn nuǎn qì

meter
计量表
jì liáng biǎo

radiator
散热器
sàn rè qì

security alarm
警报系统
jǐng bào xì tǒng

smoke alarm
烟雾报警器
yān wù bào jǐng qì

thermostat
温控器
wēn kòng qì

OUTSIDE

chimney
烟囱
yān cōng

aerial
天线
tiān xiàn

gutter
排水沟
pái shuǐ gōu

drainpipe
排水管
pái shuǐ guǎn

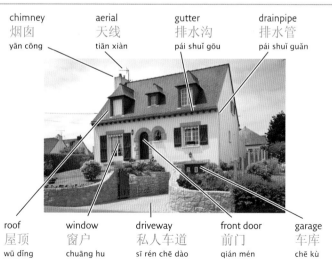

roof
屋顶
wū dǐng

window
窗户
chuāng hu

driveway
私人车道
sī rén chē dào

front door
前门
qián mén

garage
车库
chē kù

YOU MIGHT SAY/HEAR...

Would you like to come round?
你要过来坐坐吗？
nǐ yào guò lái zuò zuo ma

May I come in?
我可以进来吗？
wǒ kě yǐ jìn lái ma

Hi! Come in.
你好，请进。
nǐ hǎo , qǐng jìn

Shall I take my shoes off?
需要脱鞋吗？
xū yào tuō xié ma

Make yourself at home.
就当是在自己家。
jiù dāng shì zài zì jǐ jiā

Can I use your bathroom?
我可以用你的卫生间吗？
wǒ kě yǐ yòng nǐ de wèi shēng jiān ma

Come round again soon.
下次再来啊。
xià cì zài lái a

Thanks for inviting me over.
谢谢请我过来。
xiè xie qǐng wǒ guò lái

I like having people over.
我喜欢请人来家里。
wǒ xǐ huān qǐng rén lái jiā lǐ

VOCABULARY

threshold/doorway
门口
mén kǒu

console table
边桌
biān zhuō

to buzz somebody in
开门让…进来
kāi mén ràng … jìn lái

corridor
走廊
zǒu láng

landing
楼梯平台
lóu tī píng tái

to come in
进来
jìn lái

hallway
走廊
zǒu láng

staircase
楼梯
lóu tī

to wipe one's feet
蹭净鞋底
cèng jìng xié dǐ

coat hook
挂衣钩
guà yī gōu

banister
扶栏
fú lán

to hang one's jacket up
把夹克衫挂起来
bǎ jiá kè shān guà qǐ lái

doorbell
门铃
mén líng

door handle
门把手
mén bǎ shou

doormat
门口地垫
mén kǒu dì diàn

intercom
对讲电话装置
duì jiǎng diàn huà
zhuāng zhì

key
钥匙
yào shi

key fob
钥匙链
yào shi liàn

lift
电梯
diàn tī

shoe cupboard
鞋柜
xié guì

stairwell
楼梯间
lóu tī jiān

VOCABULARY

tiled floor
瓷砖地板
cí zhuān dì bǎn

carpet
地毯
dì tǎn

sofa bed
沙发床
shā fā chuáng

suite
组合沙发
zǔ hé shā fā

armchair
扶手椅
fú shǒu yǐ

footstool
脚凳
jiǎo dèng

coffee table
茶几
chá jī

ornament
装饰物
zhuāng shì wù

wall light
壁灯
bì dēng

table lamp
台灯
tái dēng

radio
收音机
shōu yīn jī

DVD/ Blu-ray® player
影碟播放机
yǐng dié bō fàng jī

remote control
遥控器
yáo kòng qì

to relax
放松
fàng sōng

to watch TV
看电视
kàn diàn shì

YOU SHOULD KNOW...

Most lounges in Chinese homes have wooden or tiled floors, rather than carpet.

GENERAL

bookcase
书橱
shū chú

curtains
窗帘
chuāng lián

display cabinet
陈列柜
chén liè guì

TV
电视
diàn shì

TV stand
电视柜
diàn shì guì

Venetian blind
百叶窗帘
bǎi yè chuāng lián

picture
画/照片
huà/zhào piàn

cushion
坐垫
zuò diàn

wooden floor
木地板
mù dì bǎn

sofa
沙发
shā fā

rug
小地毯
xiǎo dì tǎn

house plant
盆栽植物
pén zāi zhí wù

THE KITCHEN | 厨房

Kitchens in China are often closed off from the rest of the house and aren't usually treated as entertaining spaces.

VOCABULARY

(electric) cooker 电炊具 diàn chuī jù	to boil 煮 zhǔ	to steam 蒸 zhēng
gas cooker 煤气灶 méi qì zào	to fry 炸 zhá	to wash up 清洗 qīng xǐ
to cook 烹调 péng tiáo	to stir-fry 炒 chǎo	to clean the worktops 清理操作台 qīng lǐ cāo zuò tái

YOU SHOULD KNOW...

The most frequently used Chinese cooking utensil is a wok, which is used with several different cooking methods. Western appliances like ovens and toasters can be found in some modern homes but are not daily necessities yet.

MISCELLANEOUS ITEMS

aluminium foil
铝箔纸
lǚ bó zhǐ

clingfilm
保鲜膜
bǎo xiān mó

tissues
纸巾
zhǐ jīn

casserole dish
砂锅
shā guō

Chinese teapot
茶壶
chá hú

chopping board
案板
àn bǎn

colander
漏锅
lòu guō

cooker hood
抽油烟机
chōu yóu yān jī

electric rice cooker
电饭锅
diàn fàn guō

food processor
食品加工机
shí pǐn jiā gōng jī

frying pan
煎锅
jiān guō

grater
食物磨碎器
shí wù mò suì qì

kettle
电水壶
diàn shuǐ hú

kitchen knife
菜刀
cài dāo

kitchen scales
厨房秤
chú fáng chèng

ladle
长柄勺
cháng bǐng sháo

measuring jug
量杯
liáng bēi

pedal bin
脚踏式垃圾桶
jiǎo tà shì lā jī tǒng

peeler
削皮器
xiāo pí qì

pestle and mortar
杵和研钵
chǔ hé yán bō

rolling pin
擀面棍
gǎn miàn gùn

saucepan
炖锅
dùn guō

sieve
筛子
shāi zi

spatula
锅铲
guō chǎn

steamer
蒸笼
zhēng lóng

toaster
烤面包机
kǎo miàn bāo jī

water cooler
饮水机
yǐn shuǐ jī

whisk
搅拌器
jiǎo bàn qì

wok
炒锅
chǎo guō

wooden spoon
长柄木勺
cháng bǐng mù sháo

KITCHEN

sink
水池
shuǐ chí

oven
烤箱
kǎo xiāng

hob
炉盘
lú pán

microwave
微波炉
wēi bō lú

fridge-freezer
冰箱-冰柜
bīng xiāng –
bīng guì

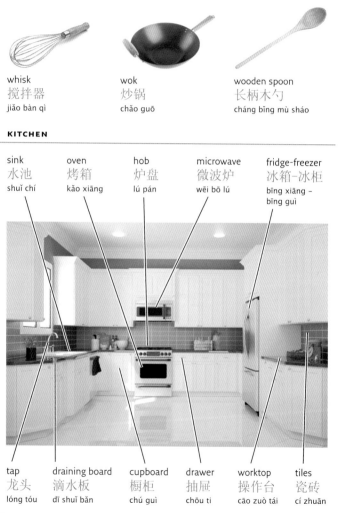

tap
龙头
lóng tóu

draining board
滴水板
dī shuǐ bǎn

cupboard
橱柜
chú guì

drawer
抽屉
chōu ti

worktop
操作台
cāo zuò tái

tiles
瓷砖
cí zhuān

It is very uncommon for the kitchen and the dining room to be combined. If you are invited to dinner by a family, generally one person spends time cooking in the kitchen while another entertains the guests in the living room. Guests usually only see the cook later, in the dining room.

YOU MIGHT SAY...

Bon appetit.
吃好喝好。
chī hǎo hē hǎo

YOU MIGHT HEAR...

Enjoy your meal.
请慢用。
qǐng màn yòng

VOCABULARY

dining table	tablecloth	to dine
餐桌	桌布	吃饭
cān zhuō	zhuō bù	chī fàn

sideboard	to set the table	to clear the table
碗柜	摆桌子	收拾桌子
wǎn guì	bǎi zhuō zi	shōu shi zhuō zi

YOU SHOULD KNOW...

Good table manners in China include: waiting for the most senior person at the table to start; not hitting the chopsticks on the bowl, or standing them upright in the rice; and not standing up to reach a dish.

GENERAL

Chinese teacup
茶杯
chá bēi

knife and fork
刀叉
dāo chā

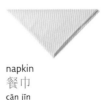

napkin
餐巾
cān jīn

plate
盘子
pán zi

spoon
汤匙
táng chí

teaspoon
茶匙
chá chí

thermoflask
保温杯
bǎo wēn bēi

tumbler
玻璃杯
bō li bēi

wine glass
红酒杯
hóng jiǔ bēi

TABLE SETTING

place mat
餐垫
cān diàn

bowl
碗
wǎn

chopsticks
筷子
kuài zi

teacup
茶杯
chá bēi

soup spoon
汤匙
tāng chí

VOCABULARY

single bed 单人床 dān rén chuáng	spare room 备用房 bèi yòng fáng	to sleep 睡觉 shuì jiào
double bed 双人床 shuāng rén chuáng	nursery 儿童房 ér tóng fáng	to wake up 醒来 xǐng lái
bunk beds 双层床 shuāng céng chuáng	headboard 床头板 chuáng tóu bǎn	to make the bed 铺床 pū chuáng
master bedroom 主卧 zhǔ wò	to go to bed 睡觉 shuì jiào	to change the sheets 换床单 huàn chuáng dān

GENERAL

alarm clock
闹钟
nào zhōng

bedding
被褥
bèi rù

coat hanger
衣架
yī jià

dressing table
梳妆台
shū zhuāng tái

laundry basket
洗衣篮
xǐ yī lán

sheets
床单
chuáng dān

65

mirror
镜子
jìng zi

chest of drawers
五斗柜
wǔ dǒu guì

bed
床
chuáng

wardrobe
衣柜
yī guì

duvet
羽绒被
yǔ róng bèi

curtains
窗帘
chuāng lián

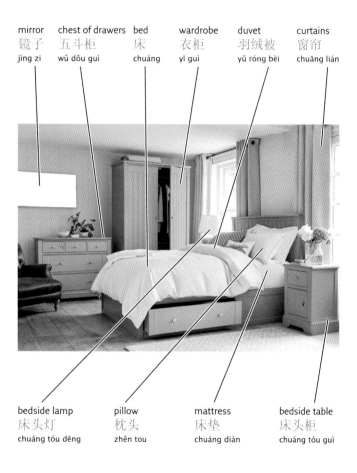

bedside lamp
床头灯
chuáng tóu dēng

pillow
枕头
zhěn tou

mattress
床垫
chuáng diàn

bedside table
床头柜
chuáng tóu guì

As in the UK, most Chinese homes have the toilet in the bathroom. Normally there is only one bathroom. It is also quite common to see washing machines installed in the bathroom in Chinese homes.

VOCABULARY

shower curtain 浴帘 yù lián	to have a bath/shower 泡澡/洗澡 pào zǎo/xǐ zǎo	to brush one's teeth 刷牙 shuā yá
toiletries 卫生用品 wèi shēng yòng pǐn	to wash one's hands 洗手 xǐ shǒu	to go to the toilet 上厕所 shàng cè suǒ

OTHER ITEMS

bath towel
浴巾
yù jīn

face cloth
面巾
miàn jīn

hairdryer
吹风机
chuī fēng jī

plastic slippers
拖鞋
tuō xié

shower puff
浴球
yù qiú

soap
肥皂
féi zào

sponge
海绵
hǎi mián

toilet brush
马桶刷
mǎ tǒng shuā

toilet roll
卫生卷纸
wèi shēng juǎn zhǐ

BATHROOM

mirror
镜子
jìng zi

sink
水池
shuǐ chí

shower
淋浴
lín yù

toilet
抽水马桶
chōu shuǐ mǎ tǒng

towel rail
毛巾架
máo jīn jià

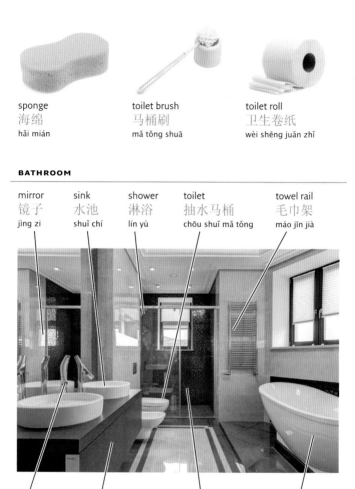

tap
龙头
lóng tóu

cabinet
储藏柜
chǔ cáng guì

shower cubicle
整体浴室
zhěng tǐ yù shì

bath
浴缸
yù gāng

THE BALCONY | 阳台

Most Chinese families live in apartment blocks and don't have their own garden. However, this doesn't stop them creating a green space at home, normally on their balcony. It's common for older people to keep birds as pets – these often live on the balcony too.

VOCABULARY

flowers 花 huā	bird 鸟 niǎo	to water 浇水 jiāo shuǐ
weed 野草 yě cǎo	greenhouse 温室 wēn shì	to grow 生长 shēng zhǎng
soil 土壤 tǔ rǎng	to weed 除草 chú cǎo	to plant 种植 zhòng zhí

BALCONY

flowerpot stand 花架 huā jià	shrub 灌木 guàn mù	flowerpot 花盆 huā pén	plant 植物 zhí wù	decking 花园木地板 huā yuán mù dì bǎn

birdcage
鸟笼
niǎo lóng

gardening gloves
园艺手套
yuán yì shǒu tào

trellis
植物爬架
zhí wù pá jià

trowel
泥铲
ní chǎn

watering can
洒水壶
sǎ shuǐ hú

weedkiller
除草剂
chú cǎo jì

windowbox
窗台花箱
chuāng tái huā xiāng

VOCABULARY

utility room
杂物间
zá wù jiān

disinfectant
消毒剂
xiāo dú jì

to hoover
吸尘
xī chén

household appliances
家用电器
jiā yòng diàn qì

washing-up liquid
洗涤剂
xǐ dí jì

to tidy up
收拾
shōu shi

dustbin
垃圾桶
lā jī tǒng

to sweep the floor
扫地
sǎo dì

to clean
打扫
dǎ sǎo

bleach
漂白剂
piǎo bái jì

to do the laundry
洗衣服
xǐ yī fu

to take out the rubbish
扔垃圾
rēng lā ji

bin bag
垃圾袋
lā jī dài

brush
扫把
sào ba

bucket
桶
tǒng

cloth
毛巾
máo jīn

clothes horse
晾衣架
liàng yī jià

clothes pegs
衣夹
yī jiá

71

dustpan
畚箕
běn jī

iron
熨斗
yùn dǒu

ironing board
熨衣板
yùn yī bǎn

mop
拖把
tuō bǎ

rubber gloves
橡胶手套
xiàng jiāo shǒu tào

scourer
刷洗海绵
shuā xǐ hǎi mián

tumble drier
烘干机
hōng gān jī

vacuum cleaner
吸尘器
xī chén qì

washing line
晾衣绳
liàng yī shéng

washing machine
洗衣机
xǐ yī jī

washing powder
洗衣粉
xǐ yī fěn

wastepaper basket
废纸篓
fèi zhǐ lǒu

AT THE SHOPS | 在商店里

Markets full of lush produce and local specialities, the smell of freshly steamed buns from the street stalls, or small stores selling traditional arts and crafts – just some of the things that might spring to mind when it comes to shopping in China. That's not to say that you won't find plenty of large supermarkets, busy shopping centres, and many familiar international chains in urban areas.

basket
篮子
lán zi

vegetable oil
植物油
zhí wù yóu

banana
香蕉
xiāng jiāo

bread
面包
miàn bāo

Most shops in China are open 7 days a week until late in the evening, whether they are small convenience stores, large supermarkets, busy shopping centres, or popular high-street shops. It is not difficult to find 24-hour shops and supermarkets in big cities. Some shops (especially the ones in small towns and villages) may choose to close early or not open at all on national holidays.

YOU MIGHT SAY...

Where is the nearest...?
离这儿最近的…在哪儿？
lí zhèr zuì jìn de … zài nǎr

Where can I buy...?
我在哪儿可以买到…？
wǒ zài nǎr kě yǐ mǎi dào

What time do you open/close?
几点开门/关门？
jǐ diǎn kāi mén/guān mén

I'm just looking.
我随便看看。
wǒ suí biàn kàn kan

Do you sell...?
有…吗？
yǒu … ma

Can I pay by cash/card?
收现金/可以刷卡吗？
shōu xiàn jīn/kě yǐ shuā kǎ ma

Can I pay with my mobile app?
可以用手机支付吗？
kě yǐ yòng shǒu jī zhī fù ma

How much does this cost?
这个多少钱？
zhè ge duō shǎo qián ?

How much is delivery?
送货要多少钱？
sòng huò yào duō shǎo qián

I need/would like...
我要/想买…
wǒ yào/xiǎng mǎi

Can I exchange this?
这个可以换吗？
zhè gè kě yǐ huàn ma

Can I get a refund?
可以给我退款吗？
kě yǐ gěi wǒ tuì kuǎn ma

Can you recommend...?
你能推荐…吗？
nǐ néng tuī jiàn … ma

That's all, thank you.
就这些，谢谢。
jiù zhè xiē, xiè xie

Can I help you?
你需要帮助吗？
nǐ xū yào bāng zhù ma

I can order that for you.
我可以帮你订购。
wǒ kě yǐ bāng nǐ dìng gòu

Are you looking for anything in particular?
你有什么需要？
nǐ yǒu shén me xū yào

How would you like to pay?
你用什么支付？
nǐ yòng shén me zhī fù

I would recommend…
我推荐…。
wǒ tuī jiàn

Can you enter your PIN?
可以输入密码吗？
kě yǐ shū rù mì mǎ ma

Would you like anything else?
还需要其它的吗？
hái xū yào qí tā de ma

Would you like a receipt?
你需要收据吗？
nǐ xū yào shōu jù ma

It costs…
这个是…（钱）
zhè ge shì … (qián)

Have you got a receipt?
你有收据吗？
nǐ yǒu shōu jù ma

I'm sorry, we don't have…
对不起，我们不卖…
duì bù qǐ, wǒ men bù mài

We'd love to see you again soon.
欢迎下次再来。
huān yíng xià cì zài lái

VOCABULARY

shop 商店 shāng diàn	shopping centre 购物中心 gòu wù zhōng xīn	change 零钱 líng qián
supermarket 超级市场 chāo jí shì chǎng	market 市场 shì chǎng	PIN 密码 mì mǎ
corner shop 小卖部 xiǎo mài bù	cash 现金 xiàn jīn	checkout 收款台 shōu kuǎn tái

exchange	voucher	to buy
换货	凭单	买
huàn huò	píng dān	mǎi

refund	gift voucher	to pay
退款	礼券	付钱
tuì kuǎn	lǐ quàn	fù qián

receipt	to browse	to shop (online)
收据	随便看看	(网上)购物
shōu jù	suí biàn kàn kan	(wǎng shàng) gòu wù

banknotes
钞票
chāo piào

card reader
刷卡机
shuā kǎ jī

coins
硬币
yìng bì

debit/credit card
借记卡/信用卡
jiè jì kǎ/xìn yòng kǎ

paper bag
纸袋
zhǐ dài

plastic bag
塑料袋
sù liào dài

SUPERMARKET | 超级市场

Unlike the UK, supermarkets in China don't normally offer online shopping or delivery services.

YOU MIGHT SAY...

Where can I find...?
···在哪儿?
... zài nǎr

I'm looking for...
我在找···。
wǒ zài zhǎo

Do you have...?
有···吗?
yǒu ... ma

Do you have carrier bags?
有袋子吗?
yǒu dài zi ma

YOU MIGHT HEAR...

We have/don't have...
我们有/没有···
wǒ men yǒu/méi yǒu

I can show you.
我带你去。
wǒ dài nǐ qù

It's in aisle 1/2/3.
在第1/2/3排货架。
zài dì yī/èr/sān pái huò jià

There is a charge for a carrier bag.
购物袋是收费的。
gòu wù dài shì shōu fèi de

VOCABULARY

shop assistant
店员
diàn yuán

aisle
走道
zǒu dào

groceries
食品
shí pǐn

delicatessen
熟食店
shú shí diàn

ready meal
方便食品
fāng biàn shí pǐn

bottle
瓶子
píng zi

box
盒子
hé zi

carton
硬纸盒
yìng zhǐ hé

jar
罐
guàn

multipack	tinned	dairy
多件装	罐装的	奶制的
duō jiàn zhuāng	guàn zhuāng de	nǎi zhì de

packet	fresh	low-fat
小包	新鲜的	低脂肪的
xiǎo bāo	xīn xiān de	dī zhī fáng de

tin	frozen	low-calorie
罐头	冷冻的	低热量的
guàn tou	lěng dòng de	dī rè liàng de

GENERAL

basket	scales	trolley
篮子	秤	手推车
lán zi	chèng	shǒu tuī chē

GROCERIES

biscuits	honey	instant coffee
饼干	蜂蜜	速溶咖啡
bǐng gān	fēng mì	sù róng kā fēi

jam
果酱
guǒ jiàng

ketchup
蕃茄酱
fān qié jiàng

noodles
面条
miàn tiáo

olive oil
橄榄油
gǎn lǎn yóu

pepper
胡椒粉
hú jiāo fěn

rice
大米
dà mǐ

salt
盐
yán

soy sauce
酱油
jiàng yóu

sugar
糖
táng

teabags
茶包
chá bāo

vegetable oil
植物油
zhí wù yóu

vinegar
醋
cù

SNACKS

candied fruit
蜜饯
mì jiàn

chocolate
巧克力
qiǎo kè lì

crisps
炸薯片
zhá shǔ piàn

nuts
坚果
jiān guǒ

popcorn
爆米花
bào mǐ huā

sweets
糖果
táng guǒ

DRINKS

beer
啤酒
pí jiǔ

fizzy drink
加汽饮料
jiā qì yǐn liào

fruit juice
果汁
guǒ zhī

spirits
烈酒
liè jiǔ

still water
矿泉水
kuàng quán shuǐ

wine
葡萄酒
pú tao jiǔ

Markets in China are normally permanent and are a very important part of Chinese daily life. There are markets selling fresh fruit and vegetables, meat, fish, and even street food within three miles of most people's homes in most cities in China. People with children or who are retired are more likely to buy fresh produce and cook at home, young people often buy street food because it's cheap and saves time. Only in a very few remote towns and villages will you find a traditional market. These are open from early in the morning until lunchtime, and people living nearby usually travel several miles to "chase the market".

YOU MIGHT SAY...

Do you have...?
有···吗？
yǒu ... ma

Where is the market?
市场在哪儿？
shì chǎng zài nǎr

500 grams/A kilo of...
一斤/一公斤···
yī jīn/yī gōng jīn

Two/Three ..., please.
两/三个。
liǎng/sān gè

A slice of ..., please.
一片···。
yī piàn ...

What do I owe you?
多少钱？
duō shǎo qián

YOU MIGHT HEAR...

The market is in the square.
市场在广场上。
shì chǎng zài guǎng chǎng shàng

What would you like?
你要什么？
nǐ yào shén me

That will be...
···钱。
... qián

There is no more...
没有···了
méi yǒu ... le

Here you go. Anything else?
给你。还要别的吗？
gěi nǐ. hái yào bié de ma

Here's your change.
这是你的找零。
zhè shì nǐ de zhǎo líng

indoor market	local	seasonal
室内市场	当地的	季节性的
shì nèi shì chǎng	dāng dì de	jì jié xìng de

night market	organic	home-made
夜市	有机的	自制的
yè shì	yǒu jī de	zì zhì de

YOU SHOULD KNOW...

The night market is a prominent feature of city life in China. Here you can find numerous stalls selling all sorts of meals and snacks, as well as cheap clothes.

MARKETPLACE

trader	stall	customers
商人	小摊	顾客
shāng rén	xiǎo tān	gù kè

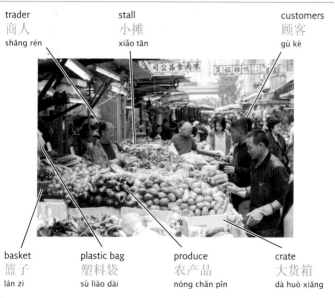

basket	plastic bag	produce	crate
篮子	塑料袋	农产品	大货箱
lán zi	sù liào dài	nóng chǎn pǐn	dà huò xiāng

YOU MIGHT SAY...

Where can I buy...?
我在哪儿可以买到…?
wǒ zài nǎr kě yǐ mǎi dào

Are they ripe/fresh?
这些熟了/新鲜吗?
zhè xiē shú le/xīn xiān ma

YOU MIGHT HEAR...

What would you like?
你想买什么?
nǐ xiǎng mǎi shén me

VOCABULARY

grocer's
食品店
shí pǐn diàn

root vegetable
根茎蔬菜
gēn jīng shū cài

juice
果汁
guǒ zhī

leaf
菜叶
cài yè

peel
果皮
guǒ pí

pip
果仁
guǒ rén

rind
厚皮
hòu pí

seed
种子
zhǒng zi

segment
瓣
bàn

skin
皮
pí

core
果核
guǒ hé

stone
果核
guǒ hé

raw
生的
shēng de

fresh
新鲜的
xīn xiān de

rotten
腐烂的
fǔ làn de

ripe
成熟的
chéng shú de

unripe
生的
shēng de

seedless
无籽的
wú zǐ de

to chop	to grate	to peel
砍	磨碎	剥皮
kǎn	mó suì	bāo pí

to dice	to juice	to wash
把…切成小块	榨汁	洗涤
bǎ … qiē chéng xiǎo kuài	zhà zhī	xǐ dí

YOU SHOULD KNOW...

Remember that when buying fruit or vegetables from the supermarket, customers are usually required to weigh and sticker their purchases before going to the checkout. Although China uses the metric system in general, there is a special unit for half a kilo (500 grams) called "斤 (jīn)", which is the most commonly used measurement of weight in the market.

FRUIT

apple
苹果
píng guǒ

apricot
杏子
xìng zi

banana
香蕉
xiāng jiāo

blueberry
蓝莓
lán méi

cantaloupe
甜瓜
tián guā

cherry
樱桃
yīng táo

grape
葡萄
pú táo

grapefruit
柚子
yòu zi

jujube
枣
zǎo

kiwi fruit
猕猴桃
mí hóu táo

lemon
柠檬
níng méng

longan
桂圆
guì yuán

lychee
荔枝
lì zhī

mango
芒果
máng guǒ

mulberry
桑椹
sāng shèn

orange
橙
chéng

passion fruit
西番莲果
xī fān lián guǒ

peach
桃子
táo zi

persimmon
柿子
shì zi

pineapple
菠萝
bō luó

plum
李子
lǐ zi

pomegranate
石榴
shí liu

strawberry
草莓
cǎo méi

watermelon
西瓜
xī guā

VEGETABLES

asparagus
芦笋
lú sǔn

aubergine
茄子
qié zi

bamboo shoots
竹笋
zhú sǔn

beetroot
甜菜根
tián cài gēn

broccoli
西兰花
xī lán huā

cabbage
卷心菜
juǎn xīn cài

carrot
胡萝卜
hú luó bo

cauliflower
菜花
cài huā

celery
芹菜
qín cài

chilli
辣椒
là jiāo

Chinese cabbage
大白菜
dà bái cài

courgette
番瓜
fān guā

cucumber
黄瓜
huán guā

garlic
蒜头
suàn tóu

green beans
豆角
dòu jiǎo

lettuce
生菜
shēng cài

lotus root
藕
ǒu

mushroom
蘑菇
mó gu

onion
洋葱
yáng cōng

pak choi
小白菜
xiǎo bái cài

peas
豌豆
wān dòu

potato
马铃薯
mǎ líng shǔ

red pepper
红椒
hóng jiāo

spinach
菠菜
bō cài

spring onion
小葱
xiǎo cōng

tomato
番茄
fān qié

winter melon
冬瓜
dōng guā

Ask the fishmonger for tips on what is fresh, what has been frozen, and what is in season.

YOU MIGHT SAY...

How fresh is this fish?
这鱼新鲜吗？
zhè yú xīn xiān ma

I'd like the scales removed, please.
请帮我去鳞。
qǐng bāng wǒ qù lín

Are there a lot of bones in this fish?
这鱼刺多不多？
zhè yú cì duō bù duō

YOU MIGHT HEAR...

This fish was caught in the river this morning.
这鱼是今天早上从河里捞的。
zhè yú shì jīn tiān zǎo shàng cóng hé lǐ lāo de

Would you like the scales/guts removed?
需要去鳞/内脏吗？
xū yào qù lín/nèi zàng ma

VOCABULARY

fishmonger 鱼商 yú shāng	shell 壳 ké	farmed 养殖的 yǎng zhí de
shellfish 贝类 bèi lèi	roe 鱼籽 yú zǐ	wild 野生的 yě shēng de
scales 鱼鳞 yú lín	freshwater 淡水的 dàn shuǐ de	salted 盐腌的 yán yān de
bone 鱼刺 yú cì	saltwater 海产的 hǎi chǎn de	smoked 烟熏的 yān xūn de

anchovy
凤尾鱼
fèng wěi yú

carp
草鱼
cǎo yú

cod
鳕鱼
xuě yú

haddock
黑线鳕
hēi xiàn xuě

mackerel
鲭
qīng

monkfish
安康鱼
ān kāng yú

salmon
大马哈鱼
dà mǎ hā yú

sardine
沙丁鱼
shā dīng yú

sea bass
鲈鱼
lú yú

sea bream
海鲷
hǎi diāo

trout
鳟鱼
zūn yú

tuna
金枪鱼
jīn qiāng yú

clam
蛤蜊
gé lí

crab
螃蟹
páng xiè

crayfish
小龙虾
xiǎo lóng xiā

lobster
龙虾
lóng xiā

mussel
贻贝
yí bèi

octopus
章鱼
zhāng yú

oyster
蚝
háo

prawn
虾
xiā

scallop
扇贝
shàn bèi

sea urchin
海胆
hǎi dǎn

shrimp
虾
xiā

squid
鱿鱼
yóu yú

Butchers in China are often able to recommend what kind of cuts to buy for the recipes you'd like to try, as well as local specialities they may sell.

YOU MIGHT SAY...

A kilo of...
一公斤···
yī gōng jīn

Can you slice this for me, please?
可以帮我切成片吗?
kě yǐ bāng wǒ qiē chéng piàn ma

Can you remove the bone for me, please?
可以帮我去骨吗?
kě yǐ bāng wǒ qù gǔ ma

YOU MIGHT HEAR...

Certainly, sir/madam.
好的。
hǎo de

How much/many would you like?
你想要多少?
nǐ xiǎng yào duō shǎo

Will 2 pieces/half a kilo be enough?
两块/一斤够不够?
liǎng kuài/yī jīn gòu bù gòu

VOCABULARY

butcher
屠夫
tú fū

meat
肉
ròu

red/white meat
红/白肉
hóng/bái ròu

cold meats
熟肉
shú ròu

pork
猪肉
zhū ròu

beef
牛肉
niú ròu

lamb
羊肉
yáng ròu

game
野味
yě wèi

venison
鹿肉
lù ròu

offal
动物内脏
dòng wù nèi zàng

poultry
家禽
jiā qín

chicken
鸡肉
jī ròu

duck
鸭肉
yā ròu

raw
生的
shēng de

organic
有机的
yǒu jī de

goose
鹅肉
é ròu

cooked
做熟的
zuò shú de

free-range
放养的
fàng yǎng de

bacon
咸肉
xián ròu

beefburger
肉饼
ròu bǐng

cured sausage
风干香肠
fēng gān xiāng cháng

ham
火腿
huǒ tuǐ

joint
大块肉
dà kuài ròu

mince
肉馅
ròu xiàn

ribs
排骨
pái gǔ

sausage
新鲜香肠
xīn xiān xiāng cháng

steak
牛排
niú pái

Bakeries are relatively new additions to Chinese markets and high streets, the result of influence from Western countries. They are gaining in popularity, especially with the younger generation. A Chinese equivalent is a traditional "steamed bun shop" – 馒头店 (mán tou diàn).

YOU MIGHT SAY...

Where is the...?
…在哪儿？
… zài nǎr

What time do you open/close?
几点开门/关门？
jǐ diǎn kāi mén/guān mén

Do you sell...?
有…吗？
yǒu … ma

May I have...?
可以给我…吗？
kě yǐ gěi wǒ … ma

YOU MIGHT HEAR...

Are you being served?
有人为你服务吗？
yǒu rèn wèi nǐ fú wù ma ?

Would you like anything else?
还需要其它的吗？
hái xū yào qí tā de ma ?

It costs...
这个是…（钱）
zhè ge shì … (qián)

I'm sorry, we don't have...
对不起，我们不卖…
duì bù qǐ , wǒ men bù mài

VOCABULARY

baker
面包师
miàn bāo shī

bread
面包
miàn bāo

dough
面团
miàn tuán

flour
面粉
miàn fěn

loaf
一条面包
yī tiáo miàn bāo

steamed bun
馒头
mán tou

slice
薄片
báo piàn

gluten-free
无麸质的
wú fū zhì de

to bake
烘焙
hōng bèi

baguette
法棍面包
fǎ gùn miàn bāo

bread rolls
圆形小面包
yuán xíng xiǎo miàn bāo

croissant
牛角面包
niú jiǎo miàn bāo

Danish pastry
丹麦酥皮馅饼
dān mài sū pí xiàn bǐng

doughnut
炸面圈
zhá miàn quān

éclair
闪电泡芙
shǎn diàn pào fú

fruit tart
水果挞
shuǐ guǒ tà

macaroon
马卡龙
mǎ kǎ lóng

pain au chocolat
巧克力包
qiǎo kè lì bāo

pancakes
薄煎饼
báo jiān bǐng

waffle
华夫饼
huá fū bǐng

wholemeal bread
全麦面包
quán mài miàn bāo

UHT milk is much more widely used in China than in the UK, but it is possible to find fresh milk in the supermarkets or buy unpasteurized milk directly from dairy farmers.

VOCABULARY

egg white/yolk
蛋白/蛋黄
dàn bái/dàn huáng

UHT milk
超高温灭菌牛奶
chāo gāo wēn miè jūn niú nǎi

fresh milk
鲜奶
xiān nǎi

cheese
奶酪
nǎi lào

caged
关在笼子中的
guān zài lóng zi zhōng de

free-range
放养的
fàng yǎng de

pasteurized/unpasteurized
巴氏消毒的/未消毒的
bā shì xiāo dú de/wèi xiāo dú de

dairy-free
无乳制品的
wú rǔ zhì pǐn de

butter
黄油
huáng yóu

cream
奶油
nǎi yóu

egg
鸡蛋
jī dàn

milk
牛奶
niú nǎi

soymilk
豆浆
dòu jiāng

yoghurt
酸奶
suān nǎi

In China, there are two types of pharmacies: one that is in a hospital (药房 yào fáng), and one that is purely commercial (药店 yào diàn). If you want to buy prescribed medicines from a commercial pharmacy, you need to have ID and a doctor's note.

YOU MIGHT SAY...

I need something for...
我需要···药。
wǒ xū yào ... yào

What would you recommend?
你有什么建议？
nǐ yǒu shén me jiàn yì

I'm allergic to...
我对···过敏。
wǒ duì ... guò mǐn

Is it suitable for young children?
能给小孩用吗？
néng gěi xiǎo hái yòng ma

YOU MIGHT HEAR...

Do you have a prescription?
你有处方吗？
nǐ yǒu chǔ fāng ma

You should see a doctor.
你应该去看医生。
nǐ yīng gāi qù kàn yī shēng

Do you have ID?
你有身份证吗？
nǐ yǒu shēn fèn zhèng ma

You need a prescription to buy that.
你需要处方才能买。
nǐ xū yào chǔ fāng cái néng mǎi

Do you have any allergies?
你对什么过敏吗？
nǐ duì shén me guò mǐn ma

I'd recommend...
我推荐···。
wǒ tuī jiàn

Take two tablets twice a day.
一日两次，一次两片。
yī rì liǎng cì, yī cì liǎng piàn

VOCABULARY

pharmacist
药剂师
yào jì shī

cabinet
储藏柜
chǔ cáng guì

counter
柜台
guì tái

prescription	painkiller	hay fever
处方	止痛药	花粉热
chǔ fāng	zhǐ tòng yào	huā fěn rè

antihistamine	flu tablets	headache
抗组胺剂	感冒药	头疼
kàng zǔ ān jì	gǎn mào yào	tóu téng

antiseptic	diarrhoea tablets	sore throat
杀菌剂	止泻药	嗓子疼
shā jūn jì	zhǐ xiè yào	sǎng zi téng

decongestant	tube	flu
减充血剂	管	流感
jiǎn chōng xuè jì	guǎn	liú gǎn

medicine	cold	stomachache
药	感冒	胃痛
yào	gǎn mào	wèi tòng

ointment	diarrhoea	asthma
药膏	腹泻	哮喘
yào gāo	fù xiè	xiào chuǎn

YOU SHOULD KNOW...

Hygiene and beauty items are not available in pharmacies in China, but are sold in a beauty shop.

GENERAL

antiseptic cream
杀菌药膏
shā jūn yào gāo

bandage
绷带
bēng dài

capsule
胶囊
jiāo náng

condom
避孕套
bì yùn tào

cough mixture
止咳药水
zhǐ ké yào shuǐ

drops
滴剂
dī jì

insect repellent
驱虫剂
qū chóng jì

lozenge
含片
hán piàn

plaster
创可贴
chuāng kě tiē

sun cream
防晒霜
fáng shài shuāng

protective face mask
口罩
kǒu zhào

tablet/pill
药片
yào piàn

HYGIENE

antiperspirant
止汗剂
zhǐ hàn jì

conditioner
护发素
hù fà sù

mouthwash
漱口水
shù kǒu shuǐ

razor
剃刀
tì dāo

sanitary towel
卫生巾
wèi shēng jīn

shampoo
洗发膏
xǐ fà gāo

shaving foam
剃须泡
tì xū pào

shower gel
沐浴露
mù yù lù

soap
肥皂
féi zào

tampon
棉条
mián tiáo

toothbrush
牙刷
yá shuā

toothpaste
牙膏
yá gāo

blusher
胭脂
yān zhi

comb
梳子
shū zi

eyeliner
眼线膏
yǎn xiàn gāo

eyeshadow
眼影
yǎn yǐng

foundation
粉底
fěn dǐ

hairbrush
发刷
fà shuā

hairspray
喷发剂
pēn fà jì

lip balm
润唇膏
rùn chún gāo

lipstick
口红
kǒu hóng

mascara
睫毛膏
jié máo gāo

nail varnish
指甲油
zhǐ jia yóu

powder
粉
fěn

VOCABULARY

disposable/reusable
nappy
一次性/可洗尿片
yī cì xìng/kě xǐ niào piàn

nappy rash
尿布疹
niào bù zhěn

baby lotion
婴儿乳液
yīng ér rǔ yè

dummy
奶嘴
nǎi zuǐ

to be teething
长牙
zhǎng yá

to breast-feed
母乳喂养
mǔ rǔ wèi yǎng

CLOTHING

babygro®/sleepsuit
婴儿连身服
yīng ér lián shēn fú

bib
围兜
wéi dōu

bootees
毛线鞋
máo xiàn xié

mittens
连指手套
lián zhǐ shǒu tào

snowsuit
连身风雪服
lián shēn fēng xuě fú

vest
背心
bèi xīn

HEALTH AND HYGIENE

baby food
婴儿食品
yīng ér shí pǐn

baby's bottle
婴儿奶瓶
yīng ér nǎi píng

changing bag
妈咪包
mā mī bāo

cotton bud
棉棒
mián bàng

cotton wool
棉球
mián qiú

formula milk
配方奶粉
pèi fāng nǎi fěn

nappy
尿片
niào piàn

nappy cream
护臀霜
hù tún shuāng

wet wipes
湿巾
shī jīn

ACCESSORIES

baby bath
婴儿浴盆
yīng ér yù pén

baby sling
婴儿背巾
yīng ér bēi jīn

cot
幼儿床
yòu ér chuáng

highchair
高脚椅子
gāo jiǎo yǐ zi

pram
婴儿车
yīng ér chē

pushchair
折叠式婴儿车
zhé dié shì yīng ér chē

News kiosks in China sell magazines, newspapers, and small stationery items. Corner shops and convenience stores sell beverages, cigarettes, and snacks. Some stationery, like stamps and envelopes, can also be bought in a post office.

VOCABULARY

broadsheet 严肃报纸 yán sù bào zhǐ	stationery 文具 wén jù	daily 日报 rì bào
tabloid 八卦杂志 bā guà zá zhì	tobacconist 香烟店 xiāng yān diàn	weekly 周刊/周报 zhōu kān/zhōu bào
kiosk 亭子 tíng zi	vendor 摊贩 tān fàn	

book
书
shū

cigarette
香烟
xiāng yān

comic book
连环漫画册
lián huán màn huà cè

confectionery
糖果
táng guǒ

envelope
信封
xìn fēng

greetings card
贺卡
hè kǎ

magazine
杂志
zá zhì

map
地图
dì tú

newspaper
报纸
bào zhǐ

notebook
笔记本
bǐ jì běn

pen
水性笔
shuǐ xìng bǐ

pencil
铅笔
qiān bǐ

scratch card
刮刮卡
guā guā kǎ

stamp
邮票
yóu piào

postcard
明信片
míng xìn piàn

YOU MIGHT SAY...

Where is...?
…在哪儿?
… zài nǎr

Which floor is this?
这是几楼?
zhè shì jǐ lóu

Can you gift-wrap this, please?
可以给我礼品包装吗?
kě yǐ gěi wǒ lǐ pǐn bāo zhuāng ma

YOU MIGHT HEAR...

Menswear is on the second floor.
男装部在二楼。
nán zhuāng bù zài èr lóu

This is the first floor.
这是一楼。
zhè shì yī lóu

Would you like this gift-wrapped?
需要礼品包装吗?
xū yào lǐ pǐn bāo zhuāng ma

VOCABULARY

floor 楼层 lóu céng	counter 柜台 guì tái	sportswear 运动服 yùn dòng fú
escalator 电动扶梯 diàn dòng fú tī	department 部门 bù mén	swimwear 泳装 yǒng zhuāng
lift 轿厢式电梯 jiào xiāng shì diàn tī	menswear 男装 nán zhuāng	brand 品牌 pǐn pái
toilets 厕所 cè suǒ	womenswear 女装 nǚ zhuāng	sale 打折/甩卖 dǎ zhé/shuǎi mài

YOU SHOULD KNOW...

Note that the ground floor in the UK is the first floor in China; the first floor in the UK is the second floor in China, and so on.

accessories
饰品
shì pǐn

cosmetics
化妆品
huà zhuāng pǐn

fashion
时装
shí zhuāng

food and drink
食品和饮料
shí pǐn hé yǐn liào

footwear
鞋类
xié lèi

furniture
家具
jiā jù

kitchenware
厨具
chú jù

leather goods
皮具
pí jù

lighting
照明
zhào míng

lingerie
女内衣
nǚ nèi yī

soft furnishings
室内装饰品
shì nèi zhuāng shì pǐn

toys
玩具
wán jù

I'm just looking.
我随便看看。
wǒ suí biàn kàn kan

I'd like to try this on, please.
我想试一试这件。
wǒ xiǎng shì yi shì zhè jiàn

Where are the fitting rooms?
试衣间在哪儿？
shì yī jiān zài nǎr

I'm a size...
我穿···码。
wǒ chuān ... mǎ

Have you got a bigger/smaller size?
有大一号/小一号吗？
yǒu dà yī hào/xiǎo yī hào ma

This is too small/big.
这太小/大了。
zhè tài xiǎo/dà le

This is too tight/short/long.
这太紧/短/长了。
zhè tài jǐn/duǎn/cháng le

This is torn.
这是破的。
zhè shì pò de

It's not my style.
这不合适我。
zhè bù hé shì wǒ

Can I help you?
你需要帮助吗？
nǐ xū yào bāng zhù ma

Let me know if I can help.
需要什么的话就问我。
xū yào shén me de huà jiù wèn wǒ

The fitting rooms are over there.
试衣间在那边。
shì yī jiān zài nà biān

What (dress) size are you?
你穿几码的（裙子）？
nǐ chuān jǐ mǎ de (qún zi)

What shoe size are you?
你穿几码的鞋？
nǐ chuān jǐ mǎ de xié

I'm sorry, it's out of stock.
对不起，卖光了。
duì bù qǐ, mài guāng le

I'm sorry, we don't have that size/colour.
对不起，我们没有那个号码/颜色。
duì bù qǐ, wǒ men méi yǒu nà gè hào mǎ/yán sè

That suits you.
这很适合你。
zhè hěn shì hé nǐ

VOCABULARY

fitting room 试衣间 shì yī jiān	umbrella 伞 sǎn	leather 皮革 pí gé
clothes/clothing 衣服 yī fu	scent 香水 xiāng shuǐ	silk 丝绸 sī chóu
shoes/footwear 鞋类 xié lèi	jewellery 珠宝首饰 zhū bǎo shǒu shì	size (clothing) 尺寸 chǐ cùn
underwear 内衣裤 nèi yī kù	wool 毛 máo	size (shoe) 码数 mǎ shù
wallet 皮夹 pí jiá	denim 牛仔布 niú zǎi bù	to try on 试穿 shì chuān
purse 钱包 qián bāo	cotton 棉布 mián bù	to fit 合身 hé shēn

YOU SHOULD KNOW...

It can be quite difficult to find clothes over the UK size of 16, or shoes over the UK size of 10 in China.

CLOTHING

bikini
比基尼泳装
bǐ jī ní yǒng zhuāng

blouse
女衬衫
nǚ chèn shān

coat
外套
wài tào

dressing gown
晨衣
chén yī

dungarees
背带工装裤
bēi dài gōng
zhuāng kù

jacket
夹克衫
jiá kè shān

jeans
牛仔裤
niú zǎi kù

jogging bottoms
运动裤
yùn dòng kù

jumper
套头外衣
tào tóu wài yī

leggings
弹力紧身裤
tán lì jǐn shēn kù

pants
男内裤
nán nèi kù

pyjamas
睡衣
shuì yī

shirt
衬衫
chèn shān

shorts
短裤
duǎn kù

skirt
裙子
qún zi

socks
袜子
wà zi

sweatshirt
长袖无领衫
cháng xiù wú lǐng shān

swimsuit
游泳衣
yóu yǒng yī

(three-piece) suit
三件式西装
sān jiàn shì xī zhuāng

tie
领带
lǐng dài

tights
裤袜
kù wà

trousers
裤子
kù zi

T-shirt
T恤衫
T xù shān

waterproof jacket
雨衣
yǔ yī

ACCCESSORIES

baseball cap
棒球帽
bàng qiú mào

belt
皮带
pí dài

bracelet
手镯
shǒu zhuó

earrings
耳环
ěr huán

gloves
手套
shǒu tào

handbag
手袋
shǒu dài

necklace
项链
xiàng liàn

scarf
围巾
wéi jīn

woolly hat
毛线帽
máo xiàn mào

FOOTWEAR

court shoes
半高跟鞋
bàn gāo gēn xié

high heels
高跟鞋
gāo gēn xié

lace-up shoes
系带鞋
jì dài xié

sandals
凉鞋
liáng xié

slippers
拖鞋
tuō xié

trainers
运动鞋
yùn dòng xié

DIY is not very popular in China. Hardware and tool shops are mainly for professionals, although people may attempt to do minor repairs at home.

VOCABULARY

home improvements 家庭装修 jiā tíng zhuāng xiū	painting 粉刷 fěn shuā	power tool 电动工具 diàn dòng gōng jù
joinery 木工 mù gōng	decorating 装饰 zhuāng shì	to do DIY 自己动手 zì jǐ dòng shǒu

HOME

hammer
锤子
chuí zi

light bulb
电灯泡
diàn dēng pào

nails
钉子
dīng zi

nuts and bolts
螺母和螺栓
luó mǔ hé luó shuān

paint
涂料
tú liào

paintbrush
漆刷
qī shuā

pliers
老虎钳
lǎo hǔ qián

saw
锯子
jù zi

screwdriver
螺丝刀
luó sī dāo

screws
螺丝
luó sī

spanner
扳手
bān shǒu

stepladder
梯子
tī zi

tiles
瓷砖
cí zhuān

wallpaper
壁纸
bì zhǐ

wrench
活动扳手
huó dòng bān shǒu

GARDEN

garden fork
园艺叉
yuán yì chā

gardening gloves
园艺手套
yuán yì shǒu tào

pruners
修枝剪
xiū zhī jiǎn

spade
铁锹
tiě qiāo

trowel
泥铲
ní chǎn

watering can
洒水壶
sǎ shuǐ hú

antique shop
古董店
gǔ dǒng diàn

barber's
理发店
lǐ fà diàn

beauty salon
美容院
měi róng yuàn

bookshop
书店
shū diàn

car showroom
车行
chē háng

convenience store
便利店
biàn lì diàn

department store
百货商店
bǎi huò shāng diàn

electrical retailer
电器行
diàn qì háng

estate agency
房屋中介
fáng wū zhōng jiè

florist's
花店
huā diàn

furniture store
家具店
jiā jù diàn

garden centre
园艺中心
yuán yì zhōng xīn

gift shop
礼品店
lǐ pǐn diàn

hairdresser's
美发厅
měi fà tīng

hardware shop
五金店
wǔ jīn diàn

jeweller's shop
珠宝店
zhū bǎo diàn

music shop
乐器行
yuè qì háng

optician's
眼镜店
yǎn jìng diàn

pet shop
宠物店
chǒng wù diàn

phone shop
手机店
shǒu jī diàn

shoe shop
鞋店
xié diàn

stationer's
文具店
wén jù diàn

tea shop
茶叶店
chá yè diàn

travel agent's
旅行社
lǚ xíng shè

DAY-TO-DAY | 日常生活

Business meetings, meals with friends, or courses of study... whatever your day-to-day schedule looks like during your time in China, this section deals with the words and phrases you may require when going on errands, planning outings, and going about your everyday business.

coffee with milk
牛奶咖啡
niú nǎi kā fēi

handle
杯把
bēi bà

cup
杯子
bēi zi

saucer
碟子
dié zi

Where are you going?
你要去哪儿？
nǐ yào qù nǎr

What time do you finish?
你几点结束？
nǐ jǐ diǎn jié shù

What are you doing today/tonight?
你今天/今晚有什么安排？
nǐ jīn tiān/jīn wǎn yǒu shén me ān pái

Are you free on Friday?
你星期五有空吗？
nǐ xīng qī wǔ yǒu kòng ma

Where/When would you like to meet?
你想在哪儿/几点见面？
nǐ xiǎng zài nǎr/jǐ diǎn jiàn miàn

I'm at work/uni.
我在上班/大学。
wǒ zài shàng bān/dà xué

I have a day off.
我休息一天。
wǒ xiū xi yī tiān

I'm going to/planning to...
我要去/打算···
wǒ yào qù/dǎ suàn

Let's meet at 6 p.m./at the restaurant.
咱们晚上六点见/在饭店见。
zán men wǎn shàng liù diǎn jiàn/zài fàn diàn jiàn

I can't meet up at 11 a.m., sorry.
对不起，我不能11点见你。
duì bù qǐ, wǒ bù néng shí yī diǎn jiàn nǐ

VOCABULARY

to wake up 醒来 xǐng lái	to leave 离开 lí kāi	to meet friends 交朋友 jiāo péng you
to get dressed 穿衣服 chuān yī fu	to study 学习 xué xí	to go home 回家 huí jiā
to arrive 到达 dào dá	to work 工作 gōng zuò	to go to bed 睡觉 shuì jiào

Breakfast is regarded as a very important meal in China. People normally eat a cooked breakfast, for example steamed buns or noodles. A Western-style breakfast is more popular in big cities. Commuters will often buy breakfast from street stalls and eat it on the go or in the office.

VOCABULARY

bread and butter 面包和黄油 miàn bāo hé huáng yóu	to spread 抹 mǒ	to skip breakfast 不吃早餐 bù chī zǎo cān
bread and jam 面包和果酱 miàn bāo hé guǒ jiàng	to have breakfast 吃早餐 chī zǎo cān	

(Chinese) tea
茶
chá

chocolate spread
巧克力酱
qiǎo ke lì jiàng

coffee
咖啡
kā fēi

coffee with milk
牛奶咖啡
niú nǎi kā fēi

congee
粥
zhōu

deep fried breadstick and soymilk
油条和豆浆
yóu tiáo hé dòu jiāng

green tea
绿茶
lǜ chá

jam
果酱
guǒ jiàng

muesli
牛奶和麦片
niú nǎi hé mài piàn

orange juice
果汁
chéng zhī

peanut butter
花生酱
huā shēng jiàng

steamed bun
馒头
mán tou

stuffed pancake
煎饼
jiān bǐng

Unlike Western meals, there aren't different courses in Chinese meals. If people are able to go home for lunch, they will cook a few simple dishes; if they have to stay at work, they will have a set meal – 盒饭 (hé fàn) – sold from street stalls or delivered to the office. Dinner is very important so there will normally be quite a few nutritious and delicious cooked dishes.

What's for dinner?
晚餐吃什么？
wǎn cān chī shén me

What time is lunch?
几点吃午饭？
jǐ diǎn chī wǔ fàn

Can I try it?
我可以试试吗？
wǒ kě yǐ shì shi ma

We're having ... for dinner.
我们晚饭吃···。
wǒ men wǎn fàn chī...

Lunch is at midday.
十二点吃午饭。
shí èr diǎn chī wǔ fàn

Dinner's ready!
饭好了!
fàn hǎo le

VOCABULARY

lunch	supper	to have lunch
午餐	晚饭	进午餐
wǔ cān	wǎn fàn	jìn wǔ cān
dinner	recipe	to have dinner
正餐	菜谱	吃饭
zhèng cān	cài pǔ	chī fàn

YOU SHOULD KNOW...

Western-style food is becoming more and more popular in China, mainly with young people. However, the food is often adjusted to accommodate Chinese taste buds.

STAPLE FOODS

Chinese noodles
面条
miàn tiáo

Chinese pita bread
饼
bǐng

dumplings
饺子
jiǎo zi

rice
米饭
mǐ fàn

rice noodles
米线
mǐ xiàn

steamed buns with
savoury stuffing
包子
bāo zi

CLASSIC CHINESE DISHES

Beijing roast duck
北京烤鸭
běi jīng kǎo yā

braised pork
红烧肉
hóng shāo ròu

cumin lamb
孜然羊肉
zì rán yáng ròu

fish-flavoured aubergine
鱼香茄子
yú xiāng qié zi

fish-flavoured
shredded pork
鱼香肉丝
yú xiāng ròu sī

home-style tofu
家常豆腐
jiā cháng dòu fu

hotpot
火锅
huǒ guō

kai lan with garlic
蒜蓉芥兰
suàn róng jiè lán

kung pao chicken
宫爆鸡丁
gōng bào jī dīng

lionhead meatballs
狮子头
shī zi tóu

mapo tofu
麻婆豆腐
má pó dòu fu

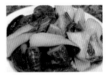

pak choi with
mushrooms
香菇油菜
xiāng gū yóu cài

prawn with peas
青豆虾仁
qīng dòu xiā rén

saliva chicken
口水鸡
kǒu shuǐ jī

sour and spicy
shredded potato
酸辣土豆丝
suān là tǔ dòu sī

spicy crayfish
麻辣小龙虾
má là xiǎo lóng xiā

spring roll
春卷
chūn juǎn

steamed sea bass
清蒸鲈鱼
qīng zhēng lú yú

steamed Yangcheng
lake crab
清蒸大闸蟹
qīng zhēng dà zhá xiè

stir-fried egg with
tomato
西红柿炒鸡蛋
xī hóng shì chǎo jī dàn

stir-fried winter melon
炒冬瓜
chǎo dōng guā

sweet and sour fish
松鼠鱼
sōng shǔ yú

sweet and sour pork
糖醋里脊
táng cù lǐ jǐ

twice-cooked pork
回锅肉
huí guō ròu

DESSERTS

candied fruit
糖葫芦
táng hú lu

custard tart
蛋挞
dàn tà

glutinous rice balls
with sesame filling
汤圆
tāng yuán

mango sago
杨枝甘露
yáng zhī gān lù

moon cake
月饼
yuè bǐng

steamed bun with red
bean paste
豆沙包
dòu shā bāo

China is renowned the world over for its cuisine, so it goes without saying that eating out is an important social experience in Chinese culture.

YOU MIGHT SAY...

I'd like to make a reservation.
我想订位
wǒ xiǎng dìng wèi

A table for four, please.
四个人。
sì gè rén

We're ready to order.
我们可以点菜了。
wǒ men kě yǐ diǎn cài le

What would you recommend?
你有什么推荐的吗？
nǐ yǒu shén me tuī jiàn de ma

What are the specials today?
今天有什么特色菜？
jīn tiān yǒu shén me tè sè cài

I'd like...
我想点···
wǒ xiǎng diǎn

Are there vegetarian/vegan options?
有适合素食者的吗？
yǒu shì hé sù shí zhě de ma

I'm allergic to...
我对···过敏。
wǒ duì ... guò mǐn

Excuse me, this is too cold.
不好意思，这个是冷的。
bù hǎo yì sī, zhè gè shì lěng de

This is not what I ordered.
我点的不是这个。
wǒ diǎn de bù shì zhè gè

That was delicious.
真好吃。
zhēn hǎo chī

May we have the bill, please?
请给我们买单。
qǐng gěi wǒ men mǎi dān

YOU SHOULD KNOW...

Unlike Chinese restaurants in the UK, you will not be given complimentary prawn crackers in restaurants in China. However, tea is normally free with your meal.

At what time?
几点？
jǐ diǎn

I would recommend...
我推荐…。
wǒ tuī jiàn

How many people?
几位？
jǐ wèi

The specials today are...
今天的特色菜有…
jīn tiān de tè sè cài yǒu

Sorry, we're fully booked.
对不起，我们都订满了。
duì bù qǐ, wǒ men dōu dìng mǎn le

I will let the chef know.
我会告诉厨师。
wǒ huì gào sù chú shī

Would you like anything to drink?
请问要喝什么？
qǐng wèn yào hē shén me

Enjoy your meal!
吃好喝好！
chī hǎo hē hǎo

Are you ready to order?
可以点菜了吗？
kě yǐ diǎn cài le ma

VOCABULARY

set menu
套餐
tào cān

vegetarian
素食者
sù shí zhě

to order
点菜
diǎn cài

daily specials
每日特色菜
měi rì tè sè cài

vegan
严格的素食者
yán gé de sù shí zhě

to ask for the bill
结帐
jié zhàng

service charge
服务费
fú wù fèi

gluten-free
无麸质的
wú fū zhì de

to be served
受到接待
shòu dào jiē dài

TABLE SETTING

place mat	bowl	chopsticks	teacup	soup spoon
餐垫	碗	筷子	茶杯	汤匙
cān diàn	wǎn	kuài zi	chá bēi	tāng chí

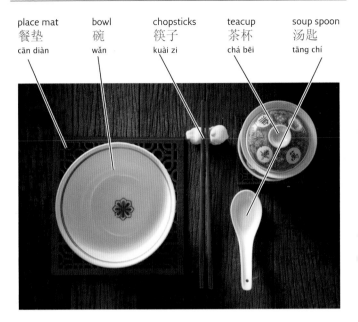

GENERAL

bar
酒吧
jiǔ bā

bill
账单
zhàng dān

chilli sauce
辣椒酱
là jiāo jiàng

menu
菜单
cài dān

salt cellar
盐瓶
yán píng

serviette
餐巾纸
cān jīn zhǐ

soy sauce and vinegar
酱醋
jiàng cù

spirit glass
白酒杯
bái jiǔ bēi

tablecloth
台布
tái bù

teaset
茶壶和茶杯
chá hú hé chá bēi

toothpicks
牙签
yá qiān

waiter/waitress
服务员/女服务员
fú wù yuán/nǚ fú wù yuán

There are different types of fast food available in China, although the majority are Western-style foods.

I'd like to order, please.
请问我可以点菜吗？
qǐng wèn wǒ kě yǐ diǎn cài ma

Do you deliver?
你们送餐吗？
nǐ men sòng cān ma

I'm sitting in/taking away.
我在这儿吃/打包带走。
wǒ zài zhèr chī/dǎ bāo dài zǒu

That's everything, thanks.
就这些，谢谢。
jiù zhè xiē , xiè xie

Can I help you?
你需要帮助吗？
nǐ xū yào bāng zhù ma

Sit-in or takeaway?
在这儿吃还是带走？
zài zhèr chī hái shì dài zǒu

We do/don't do delivery.
我们送餐/不送餐。
wǒ men sòng cān/bù sòng cān

Would you like anything else?
还需要其它的吗？
hái xū yào qí tā de ma

VOCABULARY

fast-food chain
连锁快餐店
lián suǒ kuài cān diàn

food stall
小吃摊
xiǎo chī tān

street food
街边小吃
jiē biān xiǎo chī

vendor
摊贩
tān fàn

drive-thru
免下车的
miǎn xià chē de

an order to go/
a takeaway
外卖订单
wài mài dìng dān

delivery charge
送餐费
sòng cān fèi

to place an order
下单
xià dān

to collect an order
取餐
qǔ cān

barbecued squid
烤鱿鱼
kǎo yóu yú

burger
汉堡包
hàn bǎo bāo

Chinese salad
凉拌菜
liáng bàn cài

fries
炸薯条
zhá shǔ tiáo

hot dog
热狗
rè gǒu

kebab
烤肉串
kǎo ròu chuàn

pizza
比萨饼
bǐ sà bǐng

sandwich
三明治
sān míng zhì

set meal box
盒饭
hé fàn

sushi
寿司
shòu sī

wonton soup
馄饨
hún tun

wrap
饼卷菜
bǐng juǎn cài

Technology plays a huge role in people's everyday lives. A mere click, tap, or swipe helps us to stay in touch with friends and family, keep up to date with what's going on, and find the information we need.

YOU MIGHT SAY/HEAR...

I'll give you a call later.
我迟点打回来。
wǒ chí diǎn dǎ huí lái

I'll email you.
我会给你发邮件。
wǒ huì gěi nǐ fā yóu jiàn

What's your number?
你的号码是多少？
nǐ de hào mǎ shì duō shǎo

This is a bad line.
信号不好。
xìn hào bù hǎo

I don't have any signal.
我的手机没信号。
wǒ de shǒu jī méi xìn hào

May I have your email address?
可以告诉我你的电子邮件吗？
kě yǐ gào sù wǒ nǐ de diàn zǐ yóu jiàn ma

The website address is...
网址是…。
wǎng zhǐ shì

What's the WiFi password?
无线网络的密码是什么？
wú xiàn wǎng luò de mì mǎ shì shén me

It's all one word.
是一个字。
shì yī gè zì

It's upper/lower case.
大写/小写。
dà xiě/xiǎo xiě

VOCABULARY

post
发布
fā bù

social media
社交网络
shè jiāo wǎng luò

email
电子邮件
diàn zǐ yóu jiàn

email address
电子邮件地址
diàn zǐ yóu jiàn dì zhǐ

internet
互联网
hù lián wǎng

WiFi
无线网络
wú xiàn wǎng luò

website
网站
wǎng zhàn

landline
固定电话
gù dìng diàn huà

cable
电线
diàn xiàn

link
链接
liàn jiē

phone call
电话
diàn huà

to make a phone call
打电话
dǎ diàn huà

icon
图标
tú biāo

text message
文字短信息
wén zì duǎn xìn xī

to send a text
发信息
fā xìn xī

mouse
鼠标
shǔ biāo

voice mail
语音信箱
yǔ yīn xìn xiāng

to post (online)
（在网上）发布
(zài wǎng shang) fā bù

keyboard
键盘
jiàn pán

touchscreen
触屏
chù píng

to download/upload
下载/上传
xià zǎi/shàng chuán

app
应用软件
yìng yòng ruǎn jiàn

screen
屏幕
píng mù

to charge your phone
给手机充电
gěi shǒu jī chōng diàn

data
流量
liú liàng

button
按钮
àn niǔ

to switch on/off
开/关电源
kāi/guān diàn yuán

mobile phone
手机
shǒu jī

battery
电池
diàn chí

to click on
点击
diǎn jī

YOU SHOULD KNOW...

There are two main translations for computer: 电脑 which means "electric brain" and 计算机 which means "calculating machine".

charger
充电器
chōng diàn qì

computer
电脑/计算机
diàn nǎo/jì suàn jī

mouse mat
鼠标垫
shǔ biāo diàn

phone case
手机壳
shǒu jī ké

power pack
移动电源
yí dòng diàn yuán

SIM card
SIM卡
S I M kǎ

smartphone
智能手机
zhì néng shǒu jī

tablet
平板电脑
píng bǎn diàn nǎo

wireless router
无线路由器
wú xiàn lù yóu qì

Compulsory eduction in China begins at the age of 6 or 7 and continues for 6 years of primary school and 3 years of junior middle school. Nursery and senior middle school are optional, although most parents would send their children to both.

YOU MIGHT SAY...

What are you studying?
你在学什么？
nǐ zài xué shén me

What year are you in?
你在几年级？
nǐ zài jǐ nián jí

What's your favourite subject?
你最喜欢哪门课？
nǐ zuì xǐ huān nǎ mén kè

YOU MIGHT HEAR...

I'm studying...
我在学…。
wǒ zài xué

I'm in Year 6/my final year.
我上六年级/最后一年。
wǒ shàng liù nián jí/zuì hòu yī nián

I have an assignment.
我有作业。
wǒ yǒu zuò yè

VOCABULARY

nursery school
托儿所
tuō ér suǒ

primary school
小学
xiǎo xué

junior/senior middle school
初中/高中
chū zhōng/gāo zhōng

college
学院
xué yuàn

university
大学
dà xué

headteacher
中小学校长
zhōng xiǎo xué xiào zhǎng

janitor
看门人
kān mén rén

timetable
时间表
shí jiān biǎo

lesson
课程
kè chéng

lecture
讲座
jiǎng zuò

tutorial
辅导课
fǔ dǎo kè

assignment
任务
rèn wù

homework
家庭作业
jiā tíng zuò yè

playing field
运动场
yùn dòng chǎng

to teach
讲授
jiǎng shòu

exam
考试
kǎo shì

playground
操场
cāo chǎng

to revise
复习
fù xí

degree
学位
xué wèi

halls of residence
宿舍楼
sù shè lóu

to sit an exam
参加考试
cān jiā kǎo shì

undergraduate
大学本科生
dà xué běn kē shēng

student union
学生会
xué shēng huì

to graduate
毕业
bì yè

postgraduate
研究生
yán jiū shēng

student card
学生证
xué shēng zhèng

to study
学习
xué xí

assembly hall
礼堂
lǐ táng

to learn
学习
xué xí

YOU SHOULD KNOW...

Most Chinese schools have a school uniform policy. There are strict rules about wearing accessories.

SCHOOL

classroom
教室
jiào shì

colouring pencils
彩色铅笔
cǎi sè qiān bǐ

eraser
橡皮擦
xiàng pí cā

excercise book
笔记本
bǐ jì běn

felt-tip pens
记号笔
jì hào bǐ

fountain pen
钢笔
gāng bǐ

hole punch
打孔机
dǎ kǒng jī

paper
纸
zhǐ

paper clip
曲别针
qū bié zhēn

pen
水性笔
shuǐ xìng bǐ

pencil
铅笔
qiān bǐ

pencil case
铅笔盒
qiān bǐ hé

pupil
学生
xué shēng

ruler
尺子
chǐ zi

schoolbag
书包
shū bāo

scissors
剪刀
jiǎn dāo

sharpener
卷笔刀
juǎn bǐ dāo

stapler
订书机
dìng shū jī

teacher
教师
jiào shī

textbook
教科书
jiào kē shū

whiteboard
白色书写板
bāi sè shū xiě bǎn

HIGHER EDUCATION

campus
校园
xiào yuán

canteen
食堂
shí táng

lecture hall
讲堂
jiǎng táng

lecturer
讲师
jiǎng shī

library
图书馆
tú shū guǎn

student
学生
xué shēng

Office hours tend to be from 8 a.m. to 6 p.m. Many businesses will have a lunch break of between 1-2 hours, though this is now less commonplace in larger Chinese cities.

YOU MIGHT SAY/HEAR...

Can we arrange a meeting?
我们可以开个会吗？
wǒ men kě yǐ kāi gè huì m

May I speak to...?
我可以和…说话吗？
wǒ kě yǐ hé … shuō huà ma

Can you send me...?
你可以把…发给我吗？
nǐ kě yǐ bǎ … fā gěi wǒ ma

I have a meeting with...
我要和…开会。
wǒ yào hé … kāi huì

Mr/Ms... is on the phone.
···先生/女士在打电话。
… xiān sheng/nǚ shì zài dǎ diàn huà

Here's my business card.
这是我的名片。
zhè shì wǒ de míng piàn

Who's calling?
谁打来的？
shuí dǎ lái de

Can I call you back?
我可以给你打回来吗？
wǒ kě yǐ gěi nǐ dǎ huí lái ma

VOCABULARY

manager	client	spreadsheet
经理	客户	电子计算表
jīng lǐ	kè hù	diàn zǐ jì suàn biǎo
staff	human resources	presentation
工作人员	人力资源	陈述
gōng zuò rén yuán	rén lì zī yuán	chén shù
colleague	figures	report
同事	数字	报告
tóng shì	shù zì	bào gào

meeting
会议
huì yì

inbox
收件箱
shōu jiàn xiāng

to give a presentation
做报告
zuò bào gào

conference call
电话会议
diàn huà huì yì

attachment
附件
fù jiàn

to hold a meeting
开会
kāi huì

video conference
视频会议
shì pín huì yì

username
用户名
yòng hù míng

to log on/off
登录/登出
dēng lù/dēng chū

ink cartridge
墨盒
mò hé

password
密码
mì mǎ

YOU SHOULD KNOW...

At lunchtime, eating at one's office desk rather than taking a break with colleagues is seen as unusual, even rude, by many Chinese people working in public sectors.

desk
办公桌
bàn gōng zhuō

filing cabinet
文件柜
wén jiàn guì

folder
文件夹
wén jiàn jiā

in/out tray
收/发件盘
shōu/fā jiàn pán

laptop
笔记本电脑
bǐ jì běn diàn nǎo

notepad
记事本
jì shì běn

photocopier
复印机
fù yìn jī

printer
打印机
dǎ yìn jī

ring binder
扣眼活页簿
kòu yǎn huó yè bù

scanner
扫描仪
sǎo miáo yí

sticky notes
便利贴
biàn lì tiē

sticky tape
胶带
jiāo dài

swivel chair
转椅
zhuàn yǐ

telephone
电话
diàn huà

USB stick
U盘
u pán

Most banks are open during normal business hours from Monday to Friday, and also on Saturday mornings, though this can vary.

I'd like to...
我想…
wǒ xiǎng

... register for online banking.
…开通网上银行。
kāi tōng wǎng shàng yín háng

Is there a fee for this service?
这项服务收费吗？
zhè xiàng fú wù shōu fèi ma

I need to cancel my debit/credit card.
我要注销我的借记卡/信用卡。
wǒ yào zhù xiāo wǒ de jiè jì kǎ/xìn yòng kǎ

May I see your ID, please?
请问可以给我看你的身份证吗？
qǐng wèn kě yǐ gěi wǒ kàn nǐ de shēn fèn zhèng ma

How much would you like to withdraw/deposit?
你要取/存多少钱？
nǐ yào qǔ/cún duō shǎo qián

Could you enter your PIN, please?
请输入密码。
qǐng shū rù mì mǎ

You must fill out an application form.
你得填一份申请表。
nǐ děi tián yī fèn shēn qǐng biǎo

VOCABULARY

branch
支行
zhī háng

bank account
银行账户
yíng háng zhàng hù

account number
银行账号
yíng háng zhàng hào

cashier
收银员
shōu yín yuán

current account
活期账户
huó qī zhàng hù

bank balance
银行账户余额
yíng háng zhàng hù yú é

online banking
网上银行
wǎng shàng yín háng

savings account
储蓄账户
chǔ xù zhàng hù

bank statement
银行结单
yíng háng jié dān

overdraft
透支
tòu zhī

loan
贷款
dài kuǎn

to withdraw funds
取钱
qǔ qián

bank transfer
转账
zhuǎn zhàng

mortgage
购房按揭
gòu fáng àn jiē

to make a deposit
存款
cún kuǎn

chequebook
支票簿
zhī piào bù

interest
利息
lì xī

to open an account
开个账户
kāi gè zhàng hù

currency
货币
huò bì

to borrow
借
jiè

to change money
换汇
huàn huì

ATM
取款机
qǔ kuǎn jī

banknotes
纸币
zhǐ bì

bureau de change
外汇兑换所
wài huì duì huàn suǒ

debit/credit card
借记卡/信用卡
jiè jì kǎ/xìn yòng kǎ

exchange rate
汇率
huì lǜ

safety deposit box
银行保险箱
yín háng bǎo xiǎn xiāng

Opening hours for post offices will vary widely from place to place, so check what times the local branch will open and close. Be aware that most post offices will ask about the contents of a parcel, some may even ask to see it.

I'd like to send this by airmail.
我想寄航空件。
wǒ xiǎng jì háng kōng jiàn

Can I get a certificate of postage, please?
请问可以给我邮寄收据吗？
qǐng wèn kě yǐ gěi wǒ yóu jì shōu jù ma

How long will delivery take?
多久能寄到？
duō jiǔ néng jì dào

I'd like 4 stamps, please.
请给我四张邮票。
qǐng gěi wǒ sì zhāng yóu piào

Place it on the scales, please.
请放在秤上。
qǐng fàng zài chèng shàng

What are the contents?
这里面是什么？
zhè lǐ miàn shì shén me

What is the value of this parcel?
这个包裹的价值是多少？
zhè gè bāo guǒ de jià zhí shì duō shǎo

Would you like a certificate of postage?
你需要收据吗？
nǐ xū yào shōu jù ma

How many stamps do you require?
你要多少张邮票？
nǐ yào duō shǎo zhāng yóu piào

VOCABULARY

address
地址
dì zhǐ

mail
邮件
yóu jiàn

to send
发送
fā sòng

postal van
邮车
yóu chē

airmail
航空邮件
háng kōng yóu jiàn

to return a package
退寄包裹
tuì jì bāo guǒ

courier
信使
xìn shǐ

to post
邮寄
yóu jì

143

box
箱子
xiāng zi

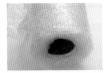

bubble wrap
气泡膜
qì pào mó

envelope
信封
xìn fēng

letter
信函
xìn hán

package
包裹
bāo guǒ

postal worker
邮递员
yóu dì yuán

postbox
邮箱
yóu xiāng

postcard
明信片
míng xìn piàn

stamp
邮票
yóu piào

YOU SHOULD KNOW...

While post offices are still popular with the older generation in China, express delivery companies are taking over the market with the services they provide, which many Chinese people find quicker and more convenient.

How do I get to the city centre?
怎么去市中心？
zěn me qù shì zhōng xīn

I need to go to...
我得去…。
wǒ děi qù

I'd like to visit ...
我想去看看…。
wǒ xiǎng qù kàn kan

What are the opening hours?
几点开门？
jǐ diǎn kāi mén

YOU MIGHT HEAR...

It's open between ... and...
…到…开门。
... dào ... kāi mén

It's closed on Mondays.
星期一不开门。
xīng qī yī bù kāi mén

PLACES OF IMPORTANCE

café
咖啡厅
kā fēi tīng

church
教堂
jiào táng

cinema
电影院
diàn yǐng yuàn

conference centre
会议中心
huì yì zhōng xīn

courthouse
法院大楼
fǎ yuàn dà lóu

dry cleaner's
干洗店
gān xǐ diàn

fire station
消防队
xiāo fáng duì

fountain
喷泉
pēn quán

hospital
医院
yī yuàn

hotel
酒店
jiǔ diàn

library
图书馆
tú shū guǎn

mosque
清真寺
qīng zhēn sì

office block
办公楼
bàn gōng lóu

park
公园
gōng yuán

playground
儿童游乐场地
ér tóng yóu lè chǎng dì

police station
警察局
jǐng chá jú

retail park
购物区
gòu wù qū

town hall
市政厅
shì zhèng tīng

A day trip, a break away, a night out, maybe even a night in – we all like to spend our free time differently. It's also a common topic of conversation with friends and colleagues; who doesn't like talking about holidays, hobbies, and how they like to hang out?

tent
帐篷
zhàng peng

guy rope
帐篷牵索
zhàng peng qiān suǒ

flysheet
帐篷外层
zhàng peng wài céng

groundsheet
铺地防潮布
pū dì fáng cháo bù

tent peg
帐篷桩
zhàng peng zhuāng

THE BASICS | 基础句型和词汇

YOU MIGHT SAY...

What would you like to do?
你想做什么？
nǐ xiǎng zuò shén me

What do you do in your spare time?
你在业余时间做什么？
nǐ zài yè yú shí jiān zuò shén me

Have you got any hobbies?
你有什么爱好吗？
nǐ yǒu shén me ài hào ma

Are you sporty/creative/musical?
你喜欢运动/创作/音乐吗？
nǐ xǐ huān yùn dòng/chuàng zuò/yīn yuè ma

Do you enjoy...?
你喜欢⋯吗？
nǐ xǐ huān ... ma

How did you get into...?
你是怎么喜欢上⋯的？
nǐ shì zěn me xǐ huān shàng ... de

YOU MIGHT HEAR...

My hobbies include...
我的爱好包括⋯。
wǒ de ài hào bāo kuò

I like...
我喜欢⋯。
wǒ xǐ huān

I really enjoy it.
我非常喜欢。
wǒ fēi cháng xǐ huān

It's not for me.
不太适合我。
bù tài shì hé wǒ

I'm going on holiday.
我要去度假。
wǒ yào qù dù jià

I have/don't have a lot of spare time.
我有很多/没有太多业余时间。
wǒ yǒu hěn duō/méi yǒu tài duō yè yú shí jiān

VOCABULARY

activity 活动 huó dòng	to be interested in 对⋯感兴趣 duì ... gǎn xìng qù	to relax 放松 fàng sōng
hobby/pastime 业余爱好 yè yú ài hào	to pass the time 打发时间 dǎ fā shí jiān	to enjoy 享受 xiǎng shòu

cooking
烹饪
pēng rèn

DIY
自己动手做
zì jǐ dòng shǒu zuò

gaming
打游戏
dǎ yóu xì

going to karaoke
去卡拉OK
qù kǎ lā O K

jogging
慢跑
màn pǎo

listening to music
听音乐
tīng yīn yuè

reading
阅读
yuè dú

shopping
购物
gòu wù

sports
体育活动
tǐ yù huó dòng

travelling
旅行
lǚ xíng

walking
步行
bù xíng

watching TV/films
看电视/电影
kàn diàn shì/diàn yǐng

China is one of the most popular tourist destinations in the world – given its wealth of sightseeing opportunities and diverse cultures, it's easy to see why.

How much is it to get in?
门票多少钱？
mén piào duō shǎo qián

Is there a discount for...?
…有优惠吗？
... yǒu yōu huì ma

Where is the tourist office?
游客中心在哪儿？
yóu kè zhōng xīn zài nǎr

Are there sightseeing tours?
有观光游吗？
yǒu guān guāng yóu ma

Entry costs...
门票…（钱）。
mén piào ... (qián)

The tourist office is located...
游客中心在…。
yóu kè zhōng xīn zài

There is a guided tour you can book.
有一个导览的参观。
yǒu yī gè dǎo lǎn de cān guān

Audio guides are/are not available.
有/没有语音导览。
yǒu/méi yǒu yǔ yīn dǎo lǎn

tourist
游客
yóu kè

excursion
短途旅行
duǎn tú lǚ xíng

audio guide
语音导览
yǔ yīn dǎo lǎn

tourist attraction
旅游景点
lǚ yóu jǐng diǎn

historic site
历史古迹
lì shǐ gǔ jì

to visit
游览
yóu lǎn

Bear in mind that some cultural and historical sites, such as museums and art galleries, are closed on certain days of the week (usually Sunday or Monday). Some religious sites may also require visitors to observe a certain dress code.

art gallery
艺廊
yì láng

camera
照相机
zhào xiàng jī

city map
城市地图
chéng shì dì tú

gardens
园林
yuán lín

guidebook
指南
zhǐ nán

monument
纪念碑
jì niàn bēi

museum
博物馆
bó wù guǎn

palace
宫殿
gōng diàn

sightseeing bus
观光巴士
guān guāng bā shì

temple
寺庙
sì miào

tour guide
导游
dǎo yóu

tourist office
旅游服务处
lǚ yóu fú wù chù

When it comes to nightlife in China's towns and cities, check the local tourist office for information on local events and venues. Why not get recommendations on bars and clubs from residents, too?

YOU MIGHT SAY...

What is there to do at night?
晚上有什么可以做的？
wǎn shang yǒu shén me kě yǐ zuò de

What's on at the cinema/theatre?
电影院/剧院在演什么？
diàn yǐng yuàn/jù yuàn zài yǎn shén me

Where are the best bars/clubs?
最好的酒吧/俱乐部在哪儿？
zuì hǎo de jiǔ bā/jù lè bù zài nǎr

Do you want to go for a drink?
你想去喝一杯吗？
nǐ xiǎng qù hē yī bēi ma

Do you want to go and see a...?
你想去看…吗？
nǐ xiǎng qù kàn ... ma

Are there tickets for...?
有…的票吗？
yǒu ... de piào ma

Two seats in the stalls, please.
两张一楼大厅的票。
liǎng zhāng yī lóu dà tīng de piào

What time does it start?
几点开始？
jǐ diǎn kāi shǐ

YOU MIGHT HEAR...

The nightlife is great around here.
这里的夜生活很丰富。
zhè lǐ de yè shēng huó hěn fēng fù

My favourite bar/club is...
我最喜欢的酒吧/俱乐部
是…。
wǒ zuì xǐ huān de jiǔ bā/jù lè bù shì

I'm going for a few drinks/to the theatre/dancing.
我要去喝两杯/去剧院/去跳舞。
wǒ yào qù hē liǎng bēi/qù jù yuàn/qù tiào wǔ

There's a film/show I'd like to see.
有我想看的电影/表演。
yǒu wǒ xiǎng kàn de diàn yǐng/biǎo yǎn

There are no tickets left.
没票了。
méi piào le

It begins at 7 o'clock.
七点开始。
qī diǎn kāi shǐ

Please turn off your mobile phones.
请关掉手机。
qǐng guān diào shǒu jī

VOCABULARY

a drink
一杯酒
yī bēi jiǔ

play
戏剧
xì jù

to order food/drinks
点餐/饮料
diǎn cān/yǐn liào

nightlife
夜生活
yè shēng huó

festival
节日
jié rì

to see a show
看演出
kàn yǎn chū

party
派对
pài duì

box office
售票处
shòu piào chù

to watch a film
看电影
kàn diàn yǐng

show
演出
yǎn chū

to socialize
社交
shè jiāo

to go dancing
去跳舞
qù tiào wǔ

film
电影
diàn yǐng

to go out
外出
wài chū

to enjoy oneself
过得高兴
guò de gāo xìng

YOU SHOULD KNOW...

There are a couple of very popular evening activities Chinese people enjoy: karaoke and square group-dancing. They are great fun, and everyone visiting China should consider trying them at least once.

ballet
芭蕾
bā léi

bar
酒吧
jiǔ bā

casino
赌场
dǔ chǎng

cinema
电影院
diàn yǐng yuàn

concert
音乐会
yīn yuè huì

crosstalk
相声
xiàng sheng

funfair
游乐场
yóu lè chǎng

karaoke
卡拉OK
kǎ lā OK

musical
音乐剧
yīn yuè jù

nightclub
夜总会
yè zǒng huì

opera
歌剧
gē jù

restaurant
饭馆
fàn guǎn

square group-dancing
广场舞
guǎng chǎng wǔ

tea house
茶楼
chá lóu

theatre
剧场
jù chǎng

HOTEL | 酒店

China regularly tops the tables for the world's most visited country, and there's a vast range of accommodation available for visitors, from high-end hotels to cosy roadside inns offering bed and breakfast.

I have a reservation.
我有预订。
wǒ yǒu yù dìng

Have you got rooms available?
你们有空房吗？
nǐ men yǒu kōng fáng ma

How much is it per night?
每晚多少钱？
měi wǎn duō shǎo qián

Is breakfast included?
包含早餐吗？
bāo hán zǎo cān ma

I'd like to check in/out, please.
请给我办入住/退房。
qǐng gěi wǒ bàn rù zhù/tuì fáng

What time is breakfast served?
几点供应早餐？
jǐ diǎn gōng yìng zǎo cān

I'd like to book a single/double room, please.
我想订一个单人/双人间。
wǒ xiǎng dìng yī gè dān rén/shuāng rén jiān

What time do I have to check out?
我需要几点退房？
wǒ xū yào jǐ diǎn tuì fáng

Could I upgrade my room?
可以给我的房间升级吗？
kě yǐ gěi wǒ de fáng jiān shēng jí ma

I need fresh towels for my room.
我的房间需要干净毛巾。
wǒ de fáng jiān xū yào gān jìng máo jīn

I've lost my key.
我把钥匙丢了。
wǒ bǎ yào shi diū le

I'd like to make a complaint.
我要投诉。
wǒ yào tóu sù

When checking in to your hotel, you may be expected to fill out a registration form and provide your passport number. Please be aware that some hotels may turn down foreigners, especially ones in smaller cities and towns. This is because there are regulations about which hotels are allowed to take foreign guests and which are not.

YOU MIGHT HEAR...

We do/don't have rooms available.
我们有/没有房间了。
wǒ men yǒu/méi yǒu fáng jiān le

May I have your room number, please?
可以告诉我你的房号吗？
kě yǐ gào sù wǒ nǐ de fáng hào ma

Our rates are...
我们的价格是…。
wǒ men de jià gé shì

May I see your documents, please?
我可以看看你的证件吗？
wǒ kě yǐ kàn kan nǐ de zhèng jiàn ma

Breakfast is/is not included.
含/不含早餐。
hán/bù hán zǎo cān

You may check in after...
…之后可以入住。
... zhī hòu kě yǐ rù zhù

Breakfast is served at...
早餐的供应时间是…。
zǎo cān de gōng yìng shí jiān shì

You must check out before...
必须在…之前退房。
bì xū zài ... zhī qián tuì fáng

VOCABULARY

inn
小旅馆
xiǎo lǚ guǎn

half board
食宿半包
shí sù bàn bāo

per person per night
每人每晚
měi rén měi wǎn

bed and breakfast
民宿
mín sù

room service
客房送餐服务
kè fáng sòng cān fú wù

to check in
入住
rù zhù

room only
不含早餐的房间
bù hán zǎo cān de fáng
jiān

wake-up call
叫醒电话
jiào xǐng diàn huà

to check out
退房
tuì fáng

full board
食宿全包
shí sù quán bāo

room number
房号
fáng hào

to order room service
点客房送餐
diǎn kè fáng sòng cān

corridor
走廊
zǒu láng

"do not disturb" sign
"请勿打扰" 标志
"qǐng wù dǎ rǎo" biāo zhì

double room
双人房
shuāng rén fáng

key card
门卡
mén kǎ

minibar
小冰箱
xiǎo bīng xiāng

porter
行李员
xíng li yuán

reception
接待处
jiē dài chù

receptionist
接待员
jiē dài yuán

safe
保险柜
bǎo xiǎn guì

single room
单人房间
dān rén fáng jiān

toiletries
卫生用品
wèi shēng yòng pǐn

twin room
双床房
shuāng chuáng fáng

Camping is gaining in popularity among young people in China. There are more and more camping sites popping up around the country; you can check online for recommendations and reviews.

YOU MIGHT SAY...

Have you got spaces available?
你们还有地方吗？
nǐ men hái yǒu dì fang ma

I'd like to book for ... nights.
我想订…个晚上。
wǒ xiǎng dìng ... gè wǎn shang

How much is it per night?
每晚多少钱？
měi wǎn duō shǎo qián

Where is the toilet/shower block?
卫生间/浴室在哪儿？
wèi shēng jiān/yù shì zài nǎr

Is the water drinkable?
这水能喝吗？
zhè shuǐ néng hē ma

YOU MIGHT HEAR...

We have spaces available.
我们有空地。
wǒ men yǒu kòng dì

We don't have spaces available.
我们没有空地了。
wǒ men méi yǒu kòng dì le

It costs ... per night.
每晚…（钱）。
měi wǎn ... (qián)

The toilets/showers are located...
卫生间/浴室在…。
wèi shēng jiān/yù shì zài

The water is/is not drinkable.
这水可以喝/不能喝。
zhè shuǐ kě yǐ hē/bù néng hē

VOCABULARY

camper
露营者
lù yíng zhě

campsite
露营地
lù yíng dì

pitch
（搭帐篷的）地块
(dā zhàng peng de) dì kuài

electricity hook-up
电桩
diàn zhuāng

toilet/shower block
卫生间/浴室
wèi shēng jiān/yù shì

groundsheet
铺地防潮布
pū dì fáng cháo bù

to camp	to pitch a tent	to take down a tent
露营	搭帐篷	拆帐篷
lù yíng	dā zhàng peng	chāi zhàng peng

YOU SHOULD KNOW...

If you plan on holidaying with a caravan in China, remember that you will need a valid Chinese driving licence if you want to drive. It is generally better to check availability with the rental company since caravans are not very common in China.

air bed
充气床垫
chōng qì chuáng diàn

camping stove
露营灶
lù yíng zào

caravan
旅游房车
lǚ yóu fáng chē

cool box
冷藏箱
lěng cáng xiāng

matches
火柴
huǒ chái

motorhome
旅宿车
lǚ sù chē

sleeping bag
睡袋
shuì dài

tent
帐篷
zhàng peng

torch
手电筒
shǒu diàn tǒng

THE BEACH | 海滩

China has over 18,000 kilometres of coastline, running along the east side of the country. There are rocky cliffs, sandy beaches, and remote islands, all well worth visiting.

YOU MIGHT SAY...

Is there a good beach nearby?
附近有好看的海滩吗？
fù jìn yǒu hǎo kàn de hǎi tān ma

Is swimming permitted here?
这里允许游泳吗？
zhè lǐ yǔn xǔ yóu yǒng ma

Is the water cold?
水冷吗？
shuǐ lěng ma

Can we hire...?
我们可以租···吗？
wǒ men kě yǐ zū ... ma

Help! Lifeguard!
救命啊！救生员！
jiù mìng à! jiù shēng yuán!

YOU MIGHT HEAR...

This is a public beach.
这是一片公共海滩。
zhè shì yī piàn gōng gòng hǎi tān

Swimming is allowed/forbidden.
允许/禁止游泳。
yǔn xǔ/jìn zhǐ yóu yǒng

Swimming is/is not supervised.
在这里游泳有人/没有人监管。
zài zhè lǐ yóu yǒng yǒu rén/méi yǒu rén jiān guǎn

The water is warm/cold/freezing!
水很暖和/冷/冻死人！
shuǐ hěn nuǎn huo/lěng/dòng sǐ rén

YOU SHOULD KNOW...

Public beaches are not always monitored, unless they belong to a hotel or resort. Also, you should always check to find out whether sunbathing is permitted.

VOCABULARY

seaside 海滨 hǎi bīn	"No swimming." "禁止游泳" jìn zhǐ yóu yǒng	bathing zone 洗浴区 xǐ yù qū

"No sunbathing"
"禁止日光浴"
jìn zhǐ rì guāng yù

beach hut
海滩小屋
hǎi tān xiǎo wū

to sunbathe
晒日光浴
shài rì guāng yù

lifeguard
救生员
jiù shēng yuán

promenade
海滨大道
hǎi bīn dà dào

to swim
游泳
yóu yǒng

GENERAL

beach ball
沙滩球
shā tān qiú

bikini
比基尼泳装
bǐ jī ní yǒng zhuāng

bucket and spade
小桶和小铲子
xiǎo tǒng hé xiǎo chǎn zi

deckchair
轻便折叠躺椅
qīng biàn zhé dié tǎng yǐ

flip-flops
夹趾拖鞋
jiā zhǐ tuō xié

flippers
鳍状肢
qí zhuàng zhī

hammock
吊床
diào chuáng

sandcastle
沙塔
shā tǎ

seashells
贝壳
bèi ké

seaweed
海藻
hǎi zǎo

sunglasses
太阳镜
tài yáng jìng

sunhat
太阳帽
tài yáng mào

suntan lotion
防晒油
fáng shài yóu

swimming trunks
泳裤
yǒng kù

swimsuit
游泳衣
yóu yǒng yī

THE SEASIDE

beach towel	sand	sea	waves	parasol
沙滩巾	沙子	大海	海浪	遮阳伞
shā tān jīn	shā zi	dà hǎi	hǎi làng	zhē yáng sǎn

YOU MIGHT SAY...

I enjoy listening to music.
我喜欢听音乐。
wǒ xǐ huān tīng yīn yuè

I'm learning to play...
我正在学···
wǒ zhèng zài xué

What kind of music do you like?
你喜欢哪个类型的音乐？
nǐ xǐ huān nǎ gè lèi xíng de yīn yuè

YOU MIGHT HEAR...

I like/don't like...
我喜欢/不喜欢···
wǒ xǐ huān/bù xǐ huān

My favourite group is...
我最喜欢的乐队是···
wǒ zuì xǐ huān de yuè duì shì

There's a good music scene here.
这里的音乐圈很活跃。
zhè lǐ de yīn yuè quān hěn huó yuè

VOCABULARY

song
歌曲
gē qǔ

album
专辑
zhuān jí

band
乐队
yuè duì

singer-songwriter
创作型歌手
chuàng zuò xíng gē shǒu

live music
现场音乐
xiàn chǎng yīn yuè

gig
演唱会
yǎn chàng huì

CD
激光唱片
jī guāng chàng piàn

DJ
唱片骑师
chàng piàn qí shī

vinyl record
黑胶唱片
hēi jiāo chàng piàn

turntable
（唱机的）唱盘
(chàng jī de) chàng pán

microphone
麦克风
mài kè fēng

pop
流行乐
liú xíng yuè

rock
摇滚乐
yáo gǔn yuè

rap
说唱乐
shuō chàng yuè

classical
古典乐
gǔ diǎn yuè

folk
乡村乐
xiāng cūn yuè

Peking opera
京剧
jīng jù

to play an instrument
演奏乐器
yǎn zòu yuè qì

to sing	to listen to music	to go to gigs
唱歌	听音乐	去听演唱会
chàng gē	tīng yīn yuè	qù tīng yǎn chàng huì

YOU SHOULD KNOW...

Most gigs held in theatres and stadiums are pop, classical, or folk music. You may need to do a bit of research to find a gig for other music genres in China.

EQUIPMENT

earphones	headphones	speakers
耳机	耳机	扬声器
ěr jī	ěr jī	yáng shēng qì

MUSICAL INSTRUMENTS

accordion	acoustic guitar	bass drum
手风琴	木吉他	大鼓
shǒu fēng qín	mù jí ta	dà gǔ

bass guitar	cello	clarinet
贝斯	大提琴	单簧管
bèi si	dà tí qín	dān huáng guǎn

cymbals
钹
bó

double bass
低音提琴
dī yīn tí qín

drum
鼓
gǔ

electric guitar
电吉他
diàn jí ta

flute
长笛
cháng dí

harp
竖琴
shù qín

keyboard
键盘
jiàn pán

mouth organ
口琴
kǒu qín

piano
钢琴
gāng qín

saxophone
萨克斯管
sà kè sī guǎn

trombone
长号
cháng hào

trumpet
小号
xiǎo hào

tuba
大号
dà hào

violin
小提琴
xiǎo tí qín

xylophone
木琴
mù qín

TRADITIONAL CHINESE INSTRUMENTS

erhu
二胡
èr hú

pipa
琵琶
pí pa

zither
古筝
gǔ zhēng

GENERAL MUSIC

choir
唱诗班
chàng shī bān

conductor
乐队指挥
yuè duì zhǐ huī

musician
音乐家
yīn yuè jiā

orchestra
管弦乐队
guǎn xián yuè duì

sheet music
乐谱
yuè pǔ

singer
歌手
gē shǒu

YOU MIGHT SAY...

Can I take photos here?
我可以在这里拍照吗？
wǒ kě yǐ zài zhè lǐ pāi zhào ma

YOU MIGHT HEAR...

Say cheese!
说 "茄子"！
shuō "qié zi"

VOCABULARY

photographer
摄影师
shè yǐng shī

photo
照片
zhào piàn

selfie
自拍照
zì pāi zhào

selfie stick
自拍杆
zì pāi gǎn

to take a photo/selfie
拍照/自拍
pāi zhào/zì pāi

to zoom in
拉近镜头
lā jìn jìng tóu

camera lens
相机镜头
xiàng jī jìng tóu

compact camera
数码相机
shù mǎ xiàng jī

drone
无人机
wú rén jī

DSLR camera
单反相机
dān fǎn xiàng jī

SD card
记忆卡
jì yì kǎ

tripod
三脚架
sān jiǎo jià

Board games like Chinese chess and "go" are popular with the older generation, who like to go to community centres to meet up with friends and play together. Younger people prefer computer and phone games.

YOU MIGHT SAY...

Shall we play a game?
我们来玩个游戏吧？
wǒ men lái wán gè yóu xì ba

What would you like to play?
你想玩什么？
nǐ xiǎng wán shén me

How do you play?
怎么玩？
zěn me wán

YOU MIGHT HEAR...

It's your turn.
该你了。
gāi nǐ le

Time's up!
时间到！
shí jiān dào

Shall we play something else?
我们玩点别的吧？
wǒ men wán diǎn bié de ba

VOCABULARY

player
游戏者
yóu xì zhě

poker
扑克
pū kè

games console
游戏机
yóu xì jī

game controller
游戏机手柄
yóu xì jī shǒu bǐng

video game
电子游戏
diàn zǐ yóu xì

virtual reality headset
虚拟现实头盔/
眼镜
xū nǐ xiàn shí tóu kuī/
yǎn jing

draughts
国际跳棋
guó jì tiào qí

hand (in cards)
一手牌
yī shǒu pái

to play
玩
wán

to roll the dice
掷色子
zhì shǎi zi

to win
赢
yíng

to lose
输
shū

board game
棋类游戏
qí lèi yóu xì

bowling
保龄球
bǎo líng qiú

cards
扑克牌
pū kè pái

chess
国际象棋
guó jì xiàng qí

Chinese chess
中国象棋
zhōng guó xiàng qí

crossword
填字游戏
tián zì yóu xì

darts
飞镖
fēi biāo

dice
色子
shǎi zi

dominoes
多米诺骨牌游戏
duō mǐ nuò gǔ pái yóu xì

go
围棋
wéi qí

jigsaw puzzle
拼图
pīn tú

mahjong
麻将
má jiàng

There has been a revival in arts and crafts over the last few years in China, especially as some of them are on the lists of national or UNESCO intangible Cultural Heritage. Painting holidays are also becoming increasingly popular.

VOCABULARY

handicrafts
手工艺
shǒu gōng yì

dressmaker
裁缝
cái feng

to sew
缝纫
féng rèn

artist
艺术家
yì shù jiā

to paint
画画
huà huà

to knit
编织
biān zhī

amateur
业余爱好者
yè yú ài hào zhě

to sketch
素描
sù miáo

to be creative
创作
chuàng zuò

GENERAL CRAFTS

embroidery
刺绣
cì xiù

jewellery-making
首饰制作
shǒu shì zhì zuò

model-making
模型制作
mó xíng zhì zuò

papercrafts
纸艺
zhǐ yì

pottery
制陶
zhì táo

woodwork
木工
mù gōng

calligraphy
书法
shū fǎ

calligraphy brush
毛笔
máo bǐ

canvas
油画布
yóu huà bù

cross-stitch
十字绣
shí zì xiù

easel
画架
huà jià

ink
墨水
mò shuǐ

oil paint
油画颜料
yóu huà yán liào

paintbrush
画笔
huà bǐ

palette
调色盘
tiáo sè pán

paper-cutting
剪纸
jiǎn zhǐ

pastels
彩色粉笔
cǎi sè fěn bǐ

sketchpad
素描本
sù miáo běn

traditional black ink
墨汁
mò zhī

traditional Chinese
painting
国画
guó huà

watercolours
水彩
shuǐ cǎi

ball of wool
毛线球
máo xiàn qiú

buttons
扣子
kòu zi

fabric
布料
bù liào

fabric scissors
裁布剪刀
cái bù jiǎn dāo

knitting needles
毛衣针
máo yī zhēn

needle and thread
针线
zhēn xiàn

safety pin
别针
bié zhēn

sewing machine
缝纫机
féng rèn jī

tape measure
卷尺
juǎn chǐ

172

SPORT | 体育运动

Be it football or basketball, table tennis or volleyball, China has an impressive sporting history. There are hundreds of sports and fitness clubs, plus events across the country that you can get involved with, either as a player or as a spectator. You may be looking to participate in a sport or head to the gym, or you may simply want to chat about how the "甲A" football teams are getting on.

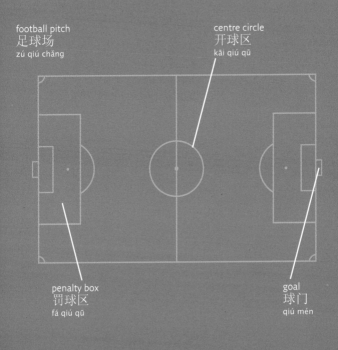

football pitch
足球场
zú qiú chǎng

centre circle
开球区
kāi qiú qū

penalty box
罚球区
fá qiú qū

goal
球门
qiú mén

THE BASICS | 基础句型和词汇

YOU MIGHT SAY...

Where is...?
…在哪儿？
... zài nǎr

I play volleyball/football.
我打排球/踢足球。
wǒ dǎ pái qiú/tī zú qiú

I'd like to book...
我想预约…。
wǒ xiǎng yù yuē

YOU MIGHT HEAR...

Do you do any sports?
你参加体育运动吗？
nǐ cān jiā tǐ yù yùn dòng ma

Do you follow any sports?
你关注体育比赛吗？
nǐ guān zhù tǐ yù bǐ sài ma

What's your favourite team?
你最喜欢哪个队？
nǐ zuì xǐ huān nǎ gè duì

VOCABULARY

tournament 锦标赛 jǐn biāo sài	sportsperson 运动员 yùn dòng yuán	to coach 训练 xùn liàn
competition 比赛 bǐ sài	coach 教练 jiào liàn	to compete 参赛 cān sài
league 联赛 lián sài	manager 经理 jīng lǐ	to score 得分 dé fēn
champion 冠军 guàn jūn	match 比赛 bǐ sài	to win 赢 yíng
competitor 竞争对手 jìng zhēng duì shǒu	points 比分 bǐ fēn	to lose 输 shū
teammate 队友 duì yǒu	locker 储物柜 chǔ wù guì	to draw 打平 dǎ píng

changing room
更衣室
gēng yī shì

leisure centre
休闲中心
xiū xián zhōng xīn

medal
奖章
jiǎng zhāng

podium
领奖台
lǐng jiǎng tái

referee
裁判
cái pàn

scoreboard
记分牌
jì fēn pái

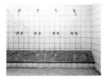
showers
淋浴
lín yù

spectators
观众
guān zhòng

stadium
体育场
tǐ yù chǎng

stands
看台
kàn tái

team
队
duì

trophy
奖杯
jiǎng bēi

I'd like to join the gym.
我想成为健身房的会员。
wǒ xiǎng chéng wéi jiàn shēn fáng de huì yuán

I'd like to book a class.
我想预约一节课。
wǒ xiǎng yù yuē yī jié kè

What classes can you do here?
你们这儿有什么课？
nǐ men zhèr yǒu shén me kè

Would you like to book an induction?
你想预约参观吗？
nǐ xiǎng yù yuē cān guān ma

What time do you want to book for?
你想约什么时间？
nǐ xiǎng yuē shén me shí jiān

We have 12 different classes.
我们有十二种课程。
wǒ men yǒu shí èr zhǒng kè chéng

VOCABULARY

gym 健身房 jiàn shēn fáng	personal trainer 私人教练 sī rén jiào liàn	to keep fit 健身 jiàn shēn
gym instructor 健身房教练 jiàn shēn fáng jiào liàn	exercise class 健身课程 jiàn shēn kè chéng	to go for a run 去跑步 qù pǎo bù
gym membership 健身房会员 jiàn shēn fáng huì yuán	to exercise 锻炼 duàn liàn	to go to the gym 去健身房 qù jiàn shēn fáng

THE GYM

cross trainer
椭圆机
tuǒ yuán jī

dumbbell
哑铃
yǎ líng

exercise bike
动感单车
dòng gǎn dān chē

gym ball
健身球
jiàn shēn qiú

kettle bell
壶铃
hú líng

rowing machine
划船机
huá chuán jī

skipping rope
跳绳
tiào shéng

treadmill
跑步机
pǎo bù jī

weightlifting bench
卧推椅
wò tuī yǐ

ACTIVITIES

pilates
普拉提
pǔ lā tí

press-ups
俯卧撑
fǔ wò chēng

running
跑步
pǎo bù

sit-ups
仰卧起坐
yǎng wò qǐ zuò

weightlifting
举重
jǔ zhòng

yoga
瑜伽
yú jiā

Table tennis, or ping-pong, is China's national sport. It's enjoyed all over the country, by people of all ages.

YOU MIGHT SAY...

I'd like to learn to play table tennis.
我想学打乒乓球。
wǒ xiǎng xué dǎ pīng pāng qiú

I know the basic rules.
我知道基本规则。
wǒ zhī dào jī běn guī zé

How much is each lesson?
一节课多少钱？
yī jié kè duō shǎo qián

YOU MIGHT HEAR...

Have you played table tennis before?
你以前打过乒乓球吗？
nǐ yǐ qián dǎ guò pīng pāng qiú ma

We have classes for different levels.
我们有针对不同水平的课。
wǒ men yǒu zhēn duì bù tóng shuǐ píng de kè

Each lesson is 20 yuan.
每节课20元。
měi jié kè èr shí yuán

VOCABULARY

to play table tennis
打乒乓球
dǎ pīng pāng qiú

to receive
接球
jiē qiú

to hit the net
下网
xià wǎng

to serve
发球
fā qiú

to smash
扣球
kòu qiú

to go off the table
出界
chū jiè

table tennis bat
乒乓球拍
pīng pāng qiú pāi

table tennis net
乒乓球网
pīng pāng qiú wǎng

table tennis table
乒乓球台
pīng pāng qiú tái

Basketball is a huge sport in China. People love watching NBA and CBA (the Chinese equivalent). Chinese people also love playing basketball, especially students; there are basketball courts in every school and university.

VOCABULARY

layup	to play basketball	to dribble
上篮	打篮球	运球
shàng lán	dǎ lán qiú	yùn qiú

slam dunk	to catch	to block
灌篮	接球	拦截
guàn lán	jiē qiú	lán jié

free throw	to throw	to mark a player
罚球	投球	盯人
fá qiú	tóu qiú	dīng rén

basket
篮筐
lán kuāng

basketball
篮球
lán qiú

basketball court
篮球场
lán qiú chǎng

basketball game
篮球（赛）
lán qiú (sài)

basketball player
篮球运动员
lán qiú yùn dòng yuán

basketball shoes
篮球鞋
lán qiú xié

Although the performance of the Chinese national football team is not as impressive as other nations, football in China is a very big industry and the A league teams have a lot of supporters. There are also millions of Chinese people who enjoy watching European league matches and the World Cup.

YOU MIGHT SAY...

Are you going to watch the match?
你打算看比赛吗？
nǐ dǎ suàn kàn bǐ sài ma

What's the score?
比分是多少？
bǐ fēn shì duō shǎo

That was a foul!
犯规了！
fàn guī le

YOU MIGHT HEAR...

I'm watching the match.
我正在看比赛。
wǒ zhèng zài kàn bǐ sài

The score is...
比分是···。
bǐ fēn shì

Go on!
加油！
jiā yóu

VOCABULARY

defender
防守球员
fáng shǒu qiú yuán

striker
前锋
qián fēng

substitute
替补
tì bǔ

kick-off
开球
kāi qiú

half-time
半场
bàn chǎng

full-time
全场
quán chǎng

extra time
加时赛
jiā shí sài

injury time
伤停补时
shāng tíng bǔ shí

free kick
任意球
rèn yì qiú

header
头球
tóu qiú

save
救球
jiù qiú

foul
犯规
fàn guī

offside
越位
yuè wèi

to play football
踢足球
tī zú qiú

to tackle
抢断
qiǎng duàn

penalty
点球
diǎn qiú

to kick
踢
tī

to pass the ball
传球
chuán qiú

penalty box
罚球区
fá qiú qū

to dribble
带球
dài qiú

to score a goal
进球
jìn qiú

football
足球
zú qiú

football boots
足球鞋
zú qiú xié

football match
足球（赛）
zú qiú (sài)

football pitch
足球场
zú qiú chǎng

football player
足球队员
zú qiú duì yuán

goal
球门
qiú mén

goalkeeper
守门员
shǒu mén yuán

whistle
哨子
shào zi

yellow/red card
黄/红牌
huáng/hóng pái

In addition to table tennis, badminton and tennis are also hugely popular sports in China. They are not just played professionally but also as a way to keep fit.

VOCABULARY

ace 发球得分 fā qiú dé fēn	double fault 双误 shuāng wù	to play tennis 打网球 dǎ wǎng qiú
serve 发球 fā qiú	rally 连续对打 lián xù duì dǎ	to play badminton/ squash 打羽毛球/壁球 dǎ yǔ máo qiú/bì qiú
backhand 反手 fǎn shǒu	singles 单打 dān dǎ	to hit 击打 jī dǎ
forehand 正手 zhèng shǒu	doubles 双打 shuāng dǎ	to serve 发球 fā qiú
fault 发球失误 fā qiú shī wù	top seed 头号种子选手 tóu hào zhǒng zi xuǎn shǒu	to break his/her serve 破发 pò fā

TENNIS

ball boy/girl 球童 qiú tóng	line judge 线审 xiàn shěn	tennis 网球（运动） wǎng qiú (yùn dòng)

tennis ball
网球
wǎng qiú

tennis court
网球场
wǎng qiú chǎng

tennis player
网球运动员
wǎng qiú yùn dòng yuán

tennis racket
网球拍
wǎng qiú pāi

umpire
裁判
cái pàn

umpire's chair
裁判椅
cái pàn yǐ

BADMINTON

badminton
羽毛球（运动）
yǔ máo qiú (yùn dòng)

badminton racket
羽毛球拍
yǔ máo qiú pāi

shuttlecock
羽毛球
yǔ máo qiú

SQUASH

squash
壁球（运动）
bì qiú (yùn dòng)

squash ball
壁球
bì qiú

squash racket
壁球拍
bì qiú pāi

WATER SPORTS | 水上运动

There are a whole range of water sports you can try out whilst in China, by the coast as well as inland. Canoeing and kayaking are more competitor sports than hobbies in China, while windsurfing and sailing are becoming more popular.

YOU MIGHT SAY...

Can I hire...?
我可以租···吗？
wǒ kě yǐ zū ... ma

I'm a keen swimmer.
我很喜欢游泳。
wǒ hěn xǐ huān yóu yǒng

YOU MIGHT HEAR...

You must wear a lifejacket.
你必须得穿救生衣。
nǐ bì xū děi chuān jiù shēng yī

You can hire...
你可以租···。
nǐ kě yǐ zū

VOCABULARY

breaststroke
蛙泳
wā yǒng

backstroke
仰泳
yǎng yǒng

front crawl
自由泳
zì yóu yǒng

butterfly
蝶泳
dié yǒng

lane
泳道
yǒng dào

length
长度
cháng dù

swimming lesson
游泳课
yóu yǒng kè

diving
跳水
tiào shuǐ

diver
跳水者
tiào shuǐ zhě

angling
垂钓
chuí diào

angler
垂钓者
chuí diào zhě

surfer
冲浪者
chōng làng zhě

to swim
游泳
yóu yǒng

to dive
跳水
tiào shuǐ

to surf
冲浪
chōng làng

to paddle
划水
huá shuǐ

to row
划船
huá chuán

to fish
钓鱼
diào yú

armbands
救生充气臂圈
jiù shēng chōng qì bì quān

diving board
跳板
tiào bǎn

goggles
游泳镜
yóu yǒng jìng

swimmer
游泳者
yóu yǒng zhě

swimming cap
泳帽
yǒng mào

swimming pool
游泳池
yóu yǒng chí

swimming trunks
泳裤
yǒng kù

swimsuit
游泳衣
yóu yǒng yī

water polo
水球
shuǐ qiú

bodyboarding
趴板冲浪
pā bǎn chōng làng

canoeing
划独木舟
huá dú mù zhōu

jet ski
水上摩托艇
shuǐ shàng mó tuō tǐng

kayaking
划皮艇
huá pí tǐng

lifejacket
救生衣
jiù shēng yī

oars
桨
jiǎng

paddle
短桨
duǎn jiǎng

paddleboarding
桨叶板冲浪
jiǎng yè bǎn chōng làng

scuba diving
（用水肺）潜水
(yòng shuǐ fèi) qián shuǐ

snorkelling
（用通气管）潜水
(yòng tōng qì guǎn) qián shuǐ

surfboard
冲浪板
chōng làng bǎn

surfing
冲浪运动
chōng làng yùn dòng

waterskiing
滑水运动
huá shuǐ yùn dòng

wetsuit
潜水服
qián shuǐ fú

windsurfing
帆板运动
fān bǎn yùn dòng

Winter sports have become very popular in China, especially after the Beijing Olympics®. Every mountain in the areas that have snow in the winter is turned into a ski resort.

YOU MIGHT SAY...

Can I hire some skis?
我可以租滑雪板吗？
wǒ kě yǐ zū huá xuě bǎn ma

I'd like a skiing lesson, please.
请给我上一节滑雪课。
qǐng gěi wǒ shàng yī jiē huá xuě kè

I can't ski very well.
我不太会滑雪。
wǒ bù tài huì huá xuě

What are the snow conditions like?
雪怎么样？
xuě zěn me yàng

I've fallen.
我摔倒了。
wǒ shuāi dǎo le

I've hurt myself.
我受伤了。
wǒ shòu shāng le

YOU MIGHT HEAR...

You can hire skis here.
你可以在这儿租滑雪板。
nǐ kě yǐ zài zhèr zū huá xuě bǎn

You can book a skiing lesson here.
你可以在这里预约滑雪课。
nǐ kě yǐ zài zhè lǐ yù yuē huá xuě kè

The piste is open/closed today.
今日滑雪道开放/关闭。
jīn rì huá xuě dào kāi fàng/guān bì

The conditions are good/bad.
雪的情况不错/不好。
xuě de qíng kuàng bù cuò/bù hǎo

There's an avalanche risk.
有发生雪崩的风险。
yǒu fā shēng xuě bēng de fēng xiǎn

Be careful.
小心点。
xiǎo xīn diǎn

VOCABULARY

skier	ski resort	ski instructor
滑雪者	滑雪度假村	滑雪教练
huá xuě zhě	huá xuě dù jià cūn	huá xuě jiào liàn

ski lift	snow	to ski (off-piste)
上山吊椅	雪	（在雪道外）滑雪
shàng shān diào yǐ	xuě	(zài xuě dào wài) huá xuě

ice hockey	powder	to snowboard
冰上曲棍球	粉末	滑雪板滑雪
bīng shàng qū gùn qiú	fěn mò	huá xuě bǎn huá xuě

mountain rescue service	ice	to go mountain climbing
山地救援	冰	登山
shān dì jiù yuán	bīng	dēng shān

	avalanche	
first-aid kit	雪崩	to go sledging
急救包	xuě bēng	滑雪橇
jí jiù bāo		huá xuě qiāo

GENERAL

crampons
冰爪
bīng zhuǎ

ice axe
破冰斧
pò bīng fǔ

ice skates
溜冰鞋
liū bīng xié

ice skating
滑冰
huá bīng

rope
绳索
shéng suǒ

sledge
雪橇
xuě qiāo

piste
滑雪道
huá xuě dào

salopettes
滑雪背带裤
huá xuě bēi dài kù

ski boots
滑雪靴
huá xuě xuē

ski gloves
手套
shǒu tào

ski goggles
护目镜
hù mù jìng

ski helmet
头盔
tóu kuī

ski jacket
滑雪衫
huá xuě shān

ski poles
滑雪杖
huá xuě zhàng

skis
滑雪板
huá xuě bǎn

ski suit
滑雪服
huá xuě fú

snowboard
滑雪板
huā xuě bǎn

snowboarding boots
滑雪板靴
huá xuě bǎn xuē

The most famous form of combat sport in China is Kungfu (one of the Chinese martial arts). It has a long history and includes hundreds of different styles of fighting. It is important to bear in mind that Kungfu has a special place in Chinese culture – it's not about aggression and beating the opposition, but about mental training and moralities.

YOU MIGHT SAY...

I'd like to learn martial arts.
我想学武术。
wǒ xiǎng xué wǔ shù

I'd like to learn some simple Kungfu moves.
我想学一些简单的功夫动作。
wǒ xiǎng xué yī xiē jiǎn dān de gōng fu dòng zuò

Where can I find a martial arts teacher?
我在哪儿能找到武术老师？
wǒ zài nǎr néng zhǎo dào wǔ shù lǎo shī

YOU MIGHT HEAR...

There is a martial arts teacher in the park.
公园里有位武术老师。
gōng yuán lǐ yǒu wèi wǔ shù lǎo shī

That teacher has been practising Kungfu for over 30 years.
这位老师已经习武30多年了。
zhè wèi lǎo shī yǐ jīng xí wǔ sān shí duō nián le

Tai chi is a very good form of exercise.
太极拳是很好的运动。
tài jí quán shì hěn hǎo de yùn dòng

VOCABULARY

fight	opponent	headguard
搏击赛	对手	运动护头
bó jī sài	duì shǒu	yùn dòng hù tóu
boxer	wrestling	mouthguard
拳手	摔跤	运动护齿
quán shǒu	shuāi jiāo	yùn dòng hù chǐ
fighter	fencing	to kick
搏击者	击剑（运动）	踢
bó jī zhě	jī jiàn (yùn dòng)	tī

to box	to punch	to spar
打拳	击打	轻拳出击
dǎ quán	jī dǎ	qīng quán chū jī

to wrestle	to fence	to knock out
摔跤	击剑	击倒对手获胜
shuāi jiāo	jī jiàn	jī dǎo duì shǒu huò shèng

BOXING

boxing gloves
拳击手套
quán jī shǒu tào

boxing ring
拳击台
quán jī tái

punchbag
沙袋
shā dài

COMBAT SPORTS

judo
柔道
róu dào

karate
空手道
kōng shǒu dào

kickboxing
自由搏击
zì yóu bó jī

Kungfu
功夫
gōng fu

taekwondo
跆拳道
tái quán dào

tai chi
太极拳
tài jí quán

More and more Chinese people are starting to participate in athletics, following the success of Liu Xiang in the 2004 Olympics®.

VOCABULARY

runner 跑步者 pǎo bù zhě	start/finish line 起点/终点 qǐ diǎn/zhōng diǎn	decathlon 十项全能 shí xiàng quán néng
race 赛跑比赛 sài pǎo bǐ sài	heat 预赛 yù sài	to do athletics 参加田径运动 cān jiā tián jìng yùn dòng
marathon 马拉松 mǎ lā sōng	final 决赛 jué sài	to run 跑 pǎo
sprint 疾跑 jí pǎo	starter's gun 发令枪 fā lìng qiāng	to race 赛跑 sài pǎo
relay 接力赛 jiē lì sài	triple jump 三级跳 sān jí tiào	to jump 跳跃 tiào yuè
lane 泳道 yǒng dào	heptathlon 女子七项全能 nǚ zǐ qī xiàng quán néng	to throw 投球 tóu qiú

athlete
运动员
yùn dòng yuán

discus
铁饼
tiě bǐng

high jump
跳高
tiào gāo

hurdles
跨栏
kuà lán

javelin
标枪
biāo qiāng

long jump
跳远
tiào yuǎn

pole vault
撑杆跳
chēng gān tiào

running track
跑道
pǎo dào

shot put
铅球
qiān qiú

spikes
钉鞋
dīng xié

starting block
起跑器
qǐ pǎo qì

stopwatch
秒表
miǎo biǎo

Cycling has been a very important way of commuting for millions of Chinese, and people still love cycling to work and in their free time. The Chinese national cycling teams hold high rankings in the world too.

VOCABULARY

cycling jersey
骑行服
qí xíng fú

road/track race
公路赛/场地赛
gōng lù sài/chǎng dì sài

to ride a bike
骑自行车
qí zì xíng chē

cycling shorts
骑行短裤
qí xíng duǎn kù

time trial
计时赛
jì shí sài

to pedal
蹬
dēng

rider
骑行者
qí xíng zhě

stage
赛段
sài duàn

to crash
摔倒
shuāi dǎo

BMX
小轮车
xiǎo lún chē

helmet
头盔
tóu kuī

mountain bike
山地自行车
shān dì zì xíng chē

road bike
公路自行车
gōng lù zì xíng chē

velodrome
室内自行车赛场
shì nèi zì xíng chē sài chǎng

water bottle
骑行水壶
qí xíng shuǐ hú

VOCABULARY

minigolf
迷你高尔夫
mí nǐ gāo ěr fū

golf course
高尔夫球场
gāo ěr fū qiú chǎng

clubhouse
俱乐部会所
jù lè bù huì suǒ

caddie
球僮
qiú tóng

green
果岭
guǒ lǐng

bunker
沙坑
shā kēng

hole
洞
dòng

handicap
差点
chā diǎn

hole-in-one
一杆进洞
yī gān jìn dòng

over/under par
高于/低于标准杆
gāo yú/dī yú biāo zhǔn gān

to play golf
打高尔夫球
dǎ gāo ěr fū qiú

to tee off
开球
kāi qiú

golf bag
高尔夫球杆袋
gāo ěr fū qiú gān dài

golf ball
高尔夫球
gāo ěr fū qiú

golf buggy
高尔夫电瓶车
gāo ěr fū diàn píng chē

golf club
高尔夫球杆
gāo ěr fū qiú gān

golfer
高尔夫球手
gāo ěr fū qiú shǒu

tee
球座
qiú zuò

archery
射箭
shè jiàn

baseball
棒球
bàng qiú

climbing
攀岩
pān yán

equestrian
马术
mǎ shù

fishing
钓鱼
diào yú

gymnastics
体操
tǐ cāo

handball
手球
shǒu qiú

hockey
曲棍球
qū gùn qiú

shooting
射击
shè jī

skateboarding
滑板运动
huá bǎn yùn dòng

snooker
斯诺克台球
sī nuò kè tái qiú

volleyball
排球
pái qiú

HEALTH | 健康

It's important to arrange appropriate cover for healthcare during your time in China. Healthcare for residents is funded by mandatory health insurance and provided by a system of hospitals and community health centres. If you are a holidaymaker in China, ensure you have appropriate travel insurance in place.

first-aid kit
急救包
jí jiù bāo

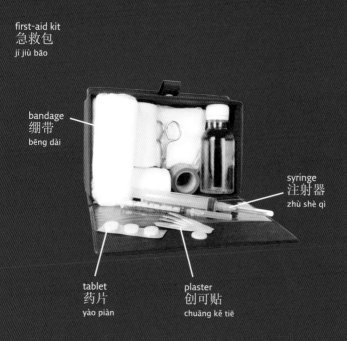

bandage
绷带
bēng dài

syringe
注射器
zhù shè qì

tablet
药片
yào piàn

plaster
创可贴
chuāng kě tiē

The Chinese health care system is different to that in the UK. In cities, people who want to see a doctor for a serious problem go directly to a hospital to see a specialist. You can also go to a community health centre where there are general doctors, although you may be sent to a hospital immediately if they can't treat you. The pharmacy is usually the first port of call for most minor ailments.

YOU MIGHT SAY...

I don't feel well.
我有些不舒服。
wǒ yǒu xiē bù shū fu

I've hurt my...
我伤到了我的…。
wǒ shāng dào le wǒ de

I'm going to be sick.
我想吐。
wǒ xiǎng tù

I need to see a doctor.
我得看医生。
wǒ děi kàn yī shēng

I need to go to hospital.
我得去医院。
wǒ děi qù yī yuàn

Call an ambulance.
请叫救护车。
qǐng jiào jiù hù chē

YOU MIGHT HEAR...

What's wrong?
怎么了？
zěn me le

What are your symptoms?
你有哪些症状？
nǐ yǒu nǎ xiē zhèng zhuàng

Where does it hurt?
你今天感觉怎么样？
nǐ jīn tiān gǎn jué zěn me yàng

How are you today?
你今天感觉怎么样？
nǐ jīn tiān gǎn jué zěn me yàng

How long have you been feeling like this?
你有这种感觉多久了？
nǐ yǒu zhè zhǒng gǎn jué duō jiǔ le

VOCABULARY

doctor	nurse	specialist
医生	护士	专科医生
yī shēng	hù shi	zhuān kē yī shēng

paramedic
医务辅助人员
yī wù fǔ zhù rén yuán

mental health
心理健康
xīn lǐ jiàn kāng

healthy
健康的
jiàn kāng de

first aider
急救人员
jí jiù rén yuán

treatment
治疗
zhì liáo

to be unwell
生病
shēng bìng

patient
病人
bìng rén

symptom
症状
zhèng zhuàng

to recover
恢复
huī fù

pain
痛
tòng

recovery
恢复
huī fù

to look after
照顾
zhào gù

illness
疾病
jí bìng

health insurance
医疗保险
yī liáo bǎo xiǎn

to treat
治疗
zhì liáo

YOU SHOULD KNOW...

You will need to pay cash for any medication or treatment received in China. Remember to retain valid receipts so you can claim through your insurance later.

hospital
医院
yī yuàn

pharmacist
药剂师
yào jì shī

pharmacy
药房
yào fáng

throat
喉咙
hóu lóng

genitals
外生殖器
wài shēng zhí qì

breast
乳房
rǔ fáng

eyelash
睫毛
jié máo

eyebrow
眉毛
méi mao

eyelid
眼皮
yǎn pí

nostrils
鼻孔
bí kǒng

lips
嘴唇
zuǐ chún

temple
太阳穴
tài yáng xué

skin
皮肤
pí fū

(body) hair
体毛
tǐ máo

height
高度
gāo dù

weight
重量
zhòng liàng

sense of hearing
听觉
tīng jué

sense of sight
视觉
shì jué

sense of smell
嗅觉
xiù jué

sense of taste
味觉
wèi jué

sense of touch
触觉
chù jué

balance
平衡
píng héng

to see
看见
kàn jiàn

to smell
闻
wén

to hear
听
tīng

to touch
触摸
chù mō

to taste
尝
cháng

to stand
站立
zhàn lì

to walk
走
zǒu

to lose one's balance
失去平衡
shī qù píng héng

FACE

hair
头发
tóu fa

eye
眼睛
yǎn jing

ear
耳朵
ěr duo

nose
鼻子
bí zi

jaw
颚
è

forehead
前额
qián é

cheek
脸颊
liǎn jiá

mouth
嘴巴
zuǐ ba

chin
下颚
xià è

HAND

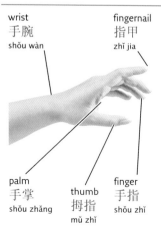

wrist
手腕
shǒu wàn

fingernail
指甲
zhǐ jia

palm
手掌
shǒu zhǎng

thumb
拇指
mǔ zhǐ

finger
手指
shǒu zhǐ

FOOT

big toe
大脚趾
dà jiǎo zhǐ

toenail
脚趾甲
jiǎo zhǐ jia

toe
脚趾
jiǎo zhǐ

sole
脚底
jiǎo dǐ

heel
脚后跟
jiǎo hòu gēn

ankle
踝
huái

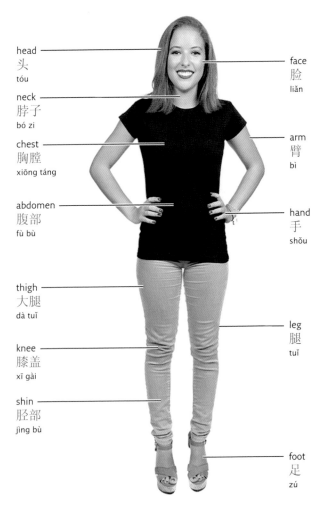

head
头
tóu

face
脸
liǎn

neck
脖子
bó zi

arm
臂
bì

chest
胸膛
xiōng táng

abdomen
腹部
fù bù

hand
手
shǒu

thigh
大腿
dà tuǐ

leg
腿
tuǐ

knee
膝盖
xī gài

shin
胫部
jìng bù

foot
足
zú

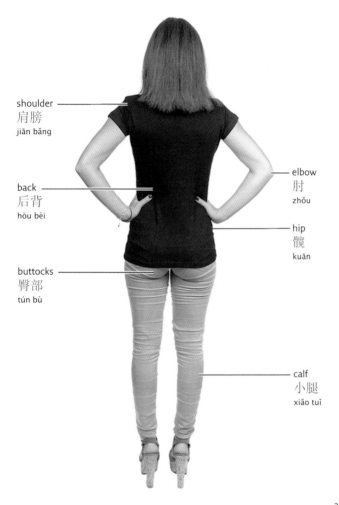

shoulder
肩膀
jiān bǎng

back
后背
hòu bèi

buttocks
臀部
tún bù

elbow
肘
zhǒu

hip
髋
kuān

calf
小腿
xiǎo tuǐ

VOCABULARY

organ 器官 qì guān	intestines 肠 cháng	bone 骨头 gǔ tou
brain 头脑 tóu nǎo	digestive system 消化系统 xiāo huà xì tǒng	muscle 肌肉 jī ròu
heart 心脏 xīn zàng	respiratory system 呼吸系统 hū xī xì tǒng	tendon 腱 jiàn
lung 肺 fèi	bladder 膀胱 páng guāng	tissue 组织 zǔ zhī
liver 肝脏 gān zàng	blood 血液 xuè yè	cell 细胞 xì bāo
stomach 胃 wèi	oxygen 氧气 yǎng qì	artery 动脉 dòng mài
kidney 肾 shèn	joint 关节 guān jié	vein 静脉 jìng mài

YOU SHOULD KNOW...

Parts of the body feature often in common Chinese expressions, such as:

有眼无珠 meaning "not to be able to recognize something or someone great/important" (literally: no eyeball in the socket)

心如死灰 meaning "to feel desperate/hopeless" (literally: a heart as cold as dead ash)

好心当作驴肝肺 meaning "to mistake other people's good will as ill intentions" (literally: to treat a good heart as a donkey's liver and lungs).

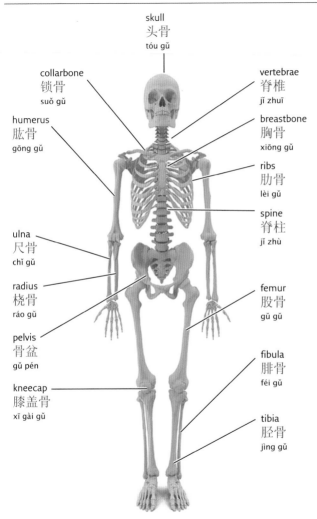

skull
头骨
tóu gǔ

collarbone
锁骨
suǒ gǔ

humerus
肱骨
gōng gǔ

vertebrae
脊椎
jǐ zhuī

breastbone
胸骨
xiōng gǔ

ribs
肋骨
lèi gǔ

spine
脊柱
jǐ zhù

ulna
尺骨
chǐ gǔ

radius
桡骨
ráo gǔ

pelvis
骨盆
gǔ pén

kneecap
膝盖骨
xī gài gǔ

femur
股骨
gǔ gǔ

fibula
腓骨
féi gǔ

tibia
胫骨
jìng gǔ

If you need to see a doctor in China, you don't need to make an appointment in advance. You can either go to a hospital and ask to see a specialist, or go to a community health centre and ask to see a general doctor. However, you do have to pay a registration fee for this. Be aware that there isn't a "family doctor" concept in China; you might be able to see the same doctor, but they won't have your records to hand or know you personally.

YOU MIGHT SAY...

I'd like to see a doctor/specialist.
我想看医生/专家。
wǒ xiǎng kàn yī shēng/zhuān jiā

I need to see a ... specialist.
我要看···医生。
wǒ yào kàn ... yī shēng

I'm allergic to...
我对···过敏。
wǒ duì ... guò mǐn

I take medication for...
我在吃···的药。
wǒ zài chī ... de yào

I've been feeling unwell.
我最近有些不舒服。
wǒ zuì jìn yǒu xiē bù shū fu

YOU MIGHT HEAR...

May I examine you?
我可以给你做检查吗？
wǒ kě yǐ gěi nǐ zuò jiǎn chá ma

Tell me if that hurts.
疼的话就告诉我。
téng de huà jiù gào sù wǒ

Do you have any allergies?
你对什么过敏吗？
nǐ duì shén me guò mǐn ma

Do you take any medication?
你在服什么药吗？
nǐ zài fú shén me yào ma

You need to see a specialist.
你需要看专科医生。
nǐ xū yào kàn zhuān kē yī shēng

VOCABULARY

clinic 诊所 zhěn suǒ	test 化验 huà yàn	vaccination 接种疫苗 jiē zhòng yì miáo
examination 检查 jiǎn chá	prescription 处方 chǔ fāng	medication 药物 yào wù

antibiotics
抗生素
kàng shēng sù

sleeping pill
安眠药
ān mián yào

to be on medication
在服药
zài fú yào

the pill
避孕药
bì yùn yào

to examine
检查
jiǎn chá

to be allergic to
对···过敏
duì ... guò mǐn

blood pressure monitor
血压仪
xuè yā yí

examination room
检查室
jiǎn chá shì

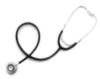

examination table
诊查床
zhěn chá chuáng

GP
全科医生
quán kē yī shēng

nurse
护士
hù shi

stethoscope
听诊器
tīng zhěn qì

syringe
注射器
zhù shè qì

thermometer
温度计
wēn dù jì

waiting room
等候室
děng hòu shì

YOU MIGHT SAY...

Can I book an appointment?
可以给我预约吗？
kě yǐ gěi wǒ yù yuē ma

I have toothache/an abscess.
我牙疼/牙龈肿了。
wǒ yá téng/yá yín zhǒng le

My filling has come out.
我补过的牙的填料掉了。
wǒ bǔ guò de yá de tián liào diào le

I've broken my tooth.
我的牙断了。
wǒ de yá duàn le

YOU MIGHT HEAR...

We don't have any appointments available.
我们的预约都满了。
wǒ men de yù yuē dōu mǎn le

You need a new filling.
你需要重新补牙。
nǐ xū yào chóng xīn bǔ yá

Your tooth has to come out.
你的牙得拔。
nǐ de yá děi bá

You need to have your teeth cleaned.
你得洗牙。
nǐ děi xǐ yá

VOCABULARY

molar 白齿 jiù chǐ	filling 填料 tián liào	abscess 脓肿 nóng zhǒng
incisor 门牙 mén yá	crown 人造牙冠 rén zào yá guàn	extraction 拔牙 bá yá
canine 犬齿 quǎn chǐ	root canal treatment 根管治疗 gēn guǎn zhì liáo	to brush one's teeth 刷牙 shuā yá
wisdom teeth 智齿 zhì chǐ	toothache 牙痛 yá tòng	to floss 用牙线洁牙 yòng yá xiàn jié yá

braces
牙套
yá tào

dental floss
洁牙线
jié yá xiàn

dental nurse
牙科护士
yá kē hù shi

dentist
牙医
yá yī

dentist's chair
牙科治疗椅
yá kē zhì liáo yǐ

dentist's drill
牙科钻
yá kē zuàn

dentures
牙托
yá tuō

gums
牙龈
yá yín

mouthwash
漱口剂
shù kǒu jì

teeth
牙齿
yá chǐ

toothbrush
牙刷
yá shuā

toothpaste
牙膏
yá gāo

Opticians are commercial in China. If you want a pair of glasses, you go directly to the optician's. However, if you have a problem with your eyes, you need to go to the hospital and see an ophthalmologist.

YOU MIGHT SAY...

My eyes are dry/sore.
我的眼睛干涩/疼。
wǒ de yǎn jing gān sè/téng

Do you repair glasses?
你们可以修眼镜吗？
nǐ men kě yǐ xiū yǎn jìng ma

YOU MIGHT HEAR...

Look up/down/ahead.
向上/下/前看。
xiàng shàng/xià/qián kàn

You need reading glasses.
你需要老花镜。
nǐ xū yào lǎo huā jìng

VOCABULARY

ophthalmologist
眼科医生
yǎn kē yī shēng

reading glasses
老花镜
lǎo huā jìng

bifocals
双光眼镜
shuāng guāng yǎn jìng

lens
镜头
jìng tóu

conjunctivitis
结膜炎
jié mó yán

stye
麦粒肿
mài lì zhǒng

blurred vision
视力模糊
shì lì mó hu

cataracts
白内障
bái nèi zhàng

short-sighted
近视的
jìn shì de

long-sighted
远视的
yuǎn shì de

visually impaired
视力受损的
shì lì shòu sǔn de

blind
盲的
máng de

colour-blind
色盲的
sè máng de

to wear glasses
带眼镜
dài yǎn jìng

to use contacts
带隐形眼镜
dài yǐn xíng yǎn jìng

contact lenses
隐形眼镜
yǐn xíng yǎn jìng

contact lens case
隐形眼镜盒
yǐn xíng yǎn jìng hé

eye chart
视力表
shì lì biǎo

eye drops
滴眼液
dī yǎn yè

eye test
视力检查
shì lì jiǎn chá

frames
眼镜框
yǎn jìng kuàng

glasses
眼镜
yǎn jìng

glasses case
眼镜盒
yǎn jìng hé

optician
眼镜店
yǎn jìng diàn

There are both public hospitals and private hospitals in China. However, private hospitals are often specialist hospitals, and are not included in the insurance system. The public hospitals are ranked – the higher the ranking, the better the facilities and the doctors, which also means that there may be a long queue.

YOU MIGHT SAY...

Which ward is ... in?
···的病房在哪儿？
... de bìng fáng zài nǎr

What are the visiting hours?
探视时间是几点？
tàn shì shí jiān shì jǐ diǎn

YOU MIGHT HEAR...

He/She is in ward...
他/她在···病房
tā/tā zài ... bìng fáng

Visiting hours are...
探视时间是···。
tàn shì shí jiān shì

VOCABULARY

public hospital
公立医院
gōng lì yī yuàn

private hospital
私立医院
sī lì yī yuàn

A&E
急救中心
jí jiù zhōng xīn

ambulance
救护车
jiù hù chē

physiotherapist
理疗师
lǐ liáo shī

radiographer
X光医师
X guāng yī shī

surgeon
外科医生
wài kē yī shēng

operation
手术
shǒu shù

scan
扫描
sǎo miáo

intensive care
重症特别护理
zhòng zhèng tè bié hù lǐ

diagnosis
诊断
zhěn duàn

defibrillator
除颤器
chú chàn qì

to take his/her pulse
给他/她把脉
gěi tā/tā bǎ mài

to undergo surgery
做手术
zuò shǒu shù

to be admitted/
discharged
住院/出院
zhù yuàn/chū yuàn

crutches
拐杖
guǎi zhàng

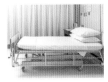

drip
点滴
diǎn dī

hospital bed
病床
bìng chuáng

monitor
监控
jiān kòng

neck brace
颈托
jǐng tuō

operating theatre
手术室
shǒu shù shì

oxygen mask
氧气面罩
yǎng qì miàn zhào

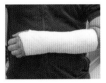

plaster cast
石膏
shí gāo

ward
病房
bìng fáng

wheelchair
轮椅
lún yǐ

X-ray
X光
X guāng

Zimmer frame®
齐默助行架
qí mò zhù xíng jià

213

YOU MIGHT SAY...

Can you help me?
你可以帮我吗？
nǐ kě yǐ bāng wǒ ma

Can you call an ambulance?
可以叫救护车吗？
kě yǐ jiào jiù hù chē ma

I've had an accident.
我出了事故。
wǒ chū le shì gù

I've hurt my...
我伤到了我的···。
wǒ shāng dào le wǒ de

I've broken my...
我的···断了。
wǒ de ... duàn le

I've sprained my...
我扭了我的···。
wǒ niǔ le wǒ de

I've cut/burnt myself.
我割/烧伤了我自己。
wǒ gē/shāo shāng le wǒ zì jǐ

I've hit my head.
我碰了我的头。
wǒ pèng le wǒ de tóu

YOU MIGHT HEAR...

Do you feel faint?
你觉得虚弱无力吗？
nǐ jué de xū ruò wú lì ma

Do you feel sick?
你觉得恶心吗？
nǐ jué de ě xīn ma

I'm calling an ambulance.
我正在打电话叫救护车。
wǒ zhèng zài dǎ diàn huà jiào jiù hù chē

Where does it hurt?
哪里疼？
nǎ lǐ téng

VOCABULARY

concussion
脑震荡
nǎo zhèn dàng

accident
事故
shì gù

dislocation
脱臼
tuō jiù

sprain
扭伤
niǔ shāng

scar
伤疤
shāng bā

whiplash
颈部扭伤
jǐng bù niǔ shāng

swelling	stitches	to fall
浮肿	缝针	摔倒
fú zhǒng	féng zhēn	shuāi dǎo

recovery position	to injure oneself	to break one's arm
复苏体位	受伤	弄断胳膊
fù sū tǐ wèi	shòu shāng	nòng duàn gē bo

CPR	to be unconscious	to twist one's ankle
心肺复苏	失去知觉	扭伤脚踝
xīn fèi fù sū	shī qù zhī jué	niǔ shāng jiǎo huái

YOU SHOULD KNOW...

The major phone numbers for emergency services in China are: 120 for medical emergencies; 119 for fire brigade; 110 for police; and 122 for traffic accidents. Please be aware that you will be billed for ambulance services.

INJURIES

blister
水疱
shuǐ pào

bruise
碰伤
pèng shāng

burn
烫伤
tàng shāng

cut
割伤
gē shāng

fracture
骨折
gǔ zhé

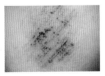

graze
擦伤
cā shāng

splinter
刺
cì

sting
蛰伤
zhē shāng

sunburn
晒伤
shài shāng

adhesive tape
橡皮膏
xiàng pí gāo

bandage
绷带
bēng dài

dressing
敷料
fū liào

first-aid kit
急救包
jí jiù bāo

ice pack
冰袋
bīng dài

ointment
药膏
yào gāo

plaster
创可贴
chuāng kě tiē

sling
吊腕带
diào wàn dài

tweezers
镊子
niè zi

216

YOU MIGHT SAY...

I have the cold/flu.
我感冒了/得了流感。
wǒ gǎn mào le/dé le liú gǎn

I have a sore stomach/a rash/a fever.
我胃疼/起了皮疹/发烧了。
wǒ wèi téng/qǐ le pí zhěn/fā shāo le

I feel faint.
我觉得很虚弱。
wǒ jué de hěn xū ruò

I'm going to be sick.
我想吐。
wǒ xiǎng tù

I'm asthmatic/diabetic.
我有哮喘/糖尿病。
wǒ yǒu xiào chuǎn/táng niào bìng

YOU MIGHT HEAR...

You should go to the pharmacy/doctor.
你应该去药店/看医生。
nǐ yīng gāi qù yào diàn/kàn yī shēng

You need to rest.
你需要休息。
nǐ xū yào xiū xi

Do you need anything?
你需要什么吗？
nǐ xū yào shén me ma

Take care of yourself.
照顾好你自己。
zhào gù hǎo nǐ zì jǐ

VOCABULARY

heart attack 心脏病发作 xīn zàng bìng fā zuò	virus 病毒 bìng dú	stomach bug 胃病 wèi bìng
stroke 中风 zhòng fēng	cold 感冒 gǎn mào	food poisoning 食物中毒 shí wù zhòng dú
infection 感染 gǎn rǎn	flu 流感 liú gǎn	vomiting 呕吐 ǒu tù
ear infection 耳部感染 ěr bù gǎn rǎn	chicken pox 水痘 shuǐ dòu	diarrhoea 腹泻 fù xiè

constipation
便秘
biàn mì

dizziness
晕眩
yūn xuàn

to cough
咳嗽
ké sou

diabetes
糖尿病
táng niào bìng

inhaler
吸入器
xī rù qì

to sneeze
打喷嚏
dǎ pēn tì

epilepsy
癫痫
diān xián

period pain
痛经
tòng jīng

to vomit
呕吐
ǒu tù

asthma
哮喘
xiào chuǎn

to have high/low
blood pressure
高/低血压
gāo/dī xuè yā

to faint
昏倒
hūn dǎo

GENERAL

coughing
咳嗽
ké sou

fever
发烧
fā shāo

nausea
反胃
fǎn wèi

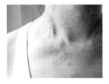

rash
皮疹
pí zhěn

runny nose
流鼻涕
liú bí tì

sneezing
打喷嚏
dǎ pēn tì

If you are travelling to or in China while pregnant, make sure you have appropriate travel insurance in place.

YOU MIGHT SAY...

I'm (six months) pregnant.
我怀孕（六个月）了。
wǒ huái yùn (liù gè yuè) le

My partner/wife is pregnant.
我的伴侣/妻子怀孕了。
wǒ de bàn lǚ/qī zǐ huái yùn le

I'm/She's having contractions every ... minutes.
我的/她的宫缩是每…分钟一次。
wǒ de/tā de gōng suō shì měi ... fēn zhōng yī cì

My/Her waters have broken.
我的/她的羊水破了。
wǒ de/tā de yáng shuǐ pò le

I need pain relief.
我需要止疼。
wǒ xū yào zhǐ téng

YOU MIGHT HEAR...

How far along are you?
你怀孕多久了？
nǐ huái yùn duō jiǔ le

How long is it between contractions?
宫缩多久一次？
gōng suō duō jiǔ yī cì

Push!
使劲！
shǐ jìn

Do you mind if I examine you?
我可以给你做检查吗？
wǒ kě yǐ gěi nǐ zuò jiǎn chá ma

VOCABULARY

pregnant woman 孕妇 yùn fù	uterus 子宫 zǐ gōng	labour 分娩 fēn miǎn
foetus 胎儿 tāi ér	cervix 子宫颈 zǐ gōng jǐng	epidural 硬膜外麻醉剂 yìng mó wài má zuì jì

Caesarean section
剖腹产
pōu fù chǎn

stillborn
死产的
sǐ chǎn de

to be in labour
临产/分娩
lín chǎn/fēn miǎn

delivery
接生
jiē shēng

due date
预产期
yù chǎn qī

to give birth
生出
shēng chū

newborn
新生儿
xīn shēng ér

morning sickness
孕妇晨吐
yùn fù chén tù

to miscarry
流产
liú chǎn

miscarriage
流产
liú chǎn

to fall pregnant
怀孕
huái yùn

to breast-feed
哺乳
bǔ rǔ

GENERAL

incubator
恒温箱
héng wēn xiāng

labour suite
产房
chǎn fáng

midwife
助产士
zhù chǎn shì

pregnancy test
验孕棒
yàn yùn bàng

sonographer
声谱仪医师
shēng pǔ yí yī shī

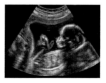

ultrasound
超声波显像/B超
chāo shēng bō xiǎn xiàng/B chāo

Chinese traditional medicine has existed for thousands of years, and many people find it effective in treating chronic illnesses. In most places there are Chinese traditional medicine hospitals which are part of the health care system.

VOCABULARY

therapist 治疗师 zhì liáo shī	chiropractor 脊椎指压治疗师 jǐ zhuī zhǐ yā zhì liáo shī	to relax 放松 fàng sōng
masseur 男按摩师 nán àn mó shī	acupuncturist 针灸医师 zhēn jiǔ yī shī	to massage 按摩 àn mó
masseuse 女按摩师 nǚ àn mó shī	reflexologist 反射疗法治疗师 fǎn shè liáo fǎ zhì liáo shī	to meditate 冥想 míng xiǎng

YOU SHOULD KNOW...

Homeopathy is more widely accepted by the Chinese, and it is possible to find small practices, as well as a wide range of homeopathic remedies, on the streets in China.

GENERAL

essential oil
精油
jīng yóu

herbal medicine
草药
cǎo yào

homeopathy
顺势疗法
shùn shì liáo fǎ

acupuncture
针灸
zhēn jiǔ

chiropractic
脊柱推拿
jǐ zhù tuī ná

hypnotherapy
催眠疗法
cuī mián liáo fǎ

massage
按摩
àn mó

meditation
打坐
dǎ zuò

moxibustion
艾灸
ài jiǔ

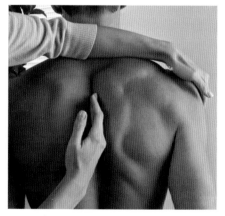

reflexology
反射疗法
fǎn shè liáo fǎ

osteopathy
整骨疗法
zhěng gǔ liáo fǎ

thalassotherapy
海水浴疗法
hǎi shuǐ yù liáo fǎ

THE VET | 兽医

If you intend to travel to China with your pet from the UK, you should be aware that a fee is payable for taking a pet into China. It is also essential to have the following documents: proof of rabies vaccination; international health certificate; a copy of your passport; a photo of your pet; and verification from your vet proving that the pet is healthy and doesn't carry any infectious diseases. Upon arrival in China, the pet needs to stay in quarantine for up to 30 days (the time varies for different cities) before you can collect it. You also need to register any large breed of dog with the police.

YOU MIGHT SAY...

My dog has been hurt.
我的狗受伤了。
wǒ de gǒu shòu shāng le

My cat has been sick.
我的猫吐了。
wǒ de māo tù le

He/She keeps scratching.
他/她一直抠/挠。
tā/tā yī zhí kōu/náo

My dog needs a tapeworm treatment.
我的狗需要驱绦虫。
wǒ de gǒu xū yào qū tāo chóng

YOU MIGHT HEAR...

Can you tell me what the problem is?
你能告诉我有什么问题吗？
nǐ néng gào sù wǒ yǒu shén me wèn tí ma

Has your dog been registered?
你的狗登记了吗？
nǐ de gǒu dēng jì le ma

Do you have a pet passport?
你的宠物有护照吗？
nǐ de chǒng wù yǒu hù zhào ma

Is he/she eating normally?
他/她饮食正常吗？
tā/tā yǐn shí zhèng cháng ma

YOU SHOULD KNOW...

Be aware that dogs are still not permitted in certain public areas, and even if they are, they should be kept on a lead at all times. Certain breeds are also banned or restricted under legislation on dangerous dogs.

veterinary clinic
兽医诊所
shòu yī zhěn suǒ

rabies vaccination
狂犬疫苗
kuáng quǎn yì miáo

to vaccinate
接种疫苗
jiē zhòng yì miáo

pet
宠物
chǒng wù

pet passport
宠物护照
chǒng wù hù zhào

to worm
驱虫
qū chóng

flea
跳蚤
tiào zao

quarantine
隔离检疫
gé lí jiǎn yì

to spay/neuter
做绝育手术
zuò jué yù shǒu shù

tick
虱子
shī zi

microchip
微芯片
wēi xīn piàn

to put down
实施安乐死
shí shī ān lè sǐ

collar
项圈
xiàng quān

E-collar
颈护罩
jǐng hù zhào

lead
狗绳
gǒu shéng

muzzle
狗嘴套
gǒu zuǐ tào

pet carrier
便携宠物笼
biàn xié chǒng wù lóng

vet
兽医
shòu yī

China's varied, colourful, and dramatic landscape makes it a fantastic place to explore for anyone who loves the great outdoors. Covering two of the world's major ecozones, China is the third most biodiverse country in the world. The east coast of the country comprises over 18,000 km of coastline. There are also 4 major plateaus and 4 major plains, including part of the Himalayas and the Gobi Desert. Two of the longest rivers in the world run through the country, offering visitors a unique and interesting way of travelling across China.

parrot
鹦鹉
yīng wǔ

beak
鸟嘴
niǎo zuǐ

tail
尾巴
wěi ba

claw
爪
zhǎo

YOU MIGHT SAY...

What is the scenery like?
风景怎么样?
fēng jǐng zěn me yàng

YOU MIGHT HEAR...

I'd recommend visiting...
我推荐去…。
wǒ tuī jiàn qù

VOCABULARY

nature reserve 自然保护区 zì rán bǎo hù qū	hoof 蹄 tí	wing 翅膀 chì bǎng
zoo 动物园 dòng wù yuán	snout 鼻 bí	beak 鸟嘴 niǎo zuǐ
animal 动物 dòng wù	mane 鬃毛 zōng máo	warm-blooded 温血的 wēn xuè de
species 物种 wù zhǒng	tail 尾巴 wěi ba	cold-blooded 冷血的 lěng xuè de
fur 毛皮 máo pí	claw 爪 zhǎo	to bark 犬吠 quǎn fèi
wool 毛 máo	horn 角 jiǎo	to purr 猫发呼噜声 māo fā hū lu shēng
paw 爪 zhǎo	feather 羽毛 yǔ máo	to growl 咆哮 páo xiào

Dogs, cats, goldfish, and songbirds are the most popular pets in China. Songbirds are especially popular with retired people who take their birds out to parks in bamboo cages in the morning.

YOU MIGHT SAY...

Do you have any pets?
你有宠物吗？
nǐ yǒu chǒng wù ma

Is it OK to bring my pet?
可以带宠物吗？
kě yǐ dài chǒng wù ma

This is my guide dog/assistance dog.
这是我的引导犬/协助犬。
zhè shì wǒ de yǐn dǎo quǎn/xié zhù quǎn

What's the number for the vet?
兽医的号码是多少？
shòu yī de hào mǎ shì duō shǎo

My pet is missing.
我的宠物找不到了。
wǒ de chǒng wù zhǎo bù dào le

YOU MIGHT HEAR...

I have/don't have a pet.
我有/没有宠物。
wǒ yǒu/méi yǒu chǒng wù

I'm allergic to pet hair.
我对宠物的毛过敏。
wǒ duì chǒng wù de máo guò mǐn

Animals are/are not allowed.
允许/不允许带动物。
yǔn xǔ/bù yǔn xǔ dài dòng wù

The phone number for the vet is...
兽医的号码是…。
shòu yī de hào mǎ shì

"Beware of the dog".
"小心有狗"
xiǎo xīn yǒu gǒu

YOU SHOULD KNOW...

Public areas and restaurants still have strict no-dog rules.

VOCABULARY

fish food	cat litter	farmer
鱼食	猫砂	农民
yú shí	māo shā	nóng mín

farm
农场
nóng chǎng

guide dog
导盲犬
dǎo máng quǎn

straw
稻草
dào cǎo

farmland
耕地
gēng dì

flock
群
qún

to have a pet
养宠物
yǎng chǒng wù

pony
小马驹
xiǎo mǎ jū

herd
兽群
shòu qún

to walk the dog
遛狗
liù gǒu

bull
公牛
gōng niú

animal feed
饲料
sì liào

to go to the vet
看兽医
kàn shòu yī

sheepdog
牧羊犬
mù yáng quǎn

hay
干草
gān cǎo

to farm
耕种
gēng zhòng

PETS

budgerigar
相思鹦鹉
xiǎng sī yīng wǔ

canary
金丝雀
jīn sī què

cat
猫
māo

dog
狗
gǒu

ferret
雪貂
xuě diāo

goldfish
金鱼
jīn yú

guinea pig
豚鼠
tún shǔ

hamster
仓鼠
cāng shǔ

horse
马
mǎ

parrot
鹦鹉
yīng wǔ

rabbit
兔子
tù zi

rat
老鼠
lǎo shǔ

FARM ANIMALS

bull
公牛
gōng niú

chicken
鸡
jī

cow
母牛
mǔ niú

donkey
毛驴
máo lǘ

duck
鸭子
yā zi

goat
山羊
shān yáng

goose
鹅
é

pig
猪
zhū

sheep
羊
yáng

BABY ANIMALS

calf
小牛
xiǎo niú

cub
幼兽
yòu shòu

fawn
幼鹿
yòu lù

foal
小马驹
xiǎo mǎ jū

kid
小山羊
xiǎo shān yáng

kitten
小猫
xiǎo māo

lamb
小羊
xiǎo yáng

piglet
猪崽
zhū zǎi

puppy
小狗
xiǎo gǒu

aquarium
水族箱
shuǐ zú xiāng

barn
谷仓
gǔ cāng

birdcage
鸟笼
niǎo lóng

cage
笼子
lóng zi

dog basket
狗篮
gǒu lán

hutch
兔箱/鼠舍
tù xiāng/shǔ shè

kennel
狗窝
gǒu wō

litter tray
猫砂盆
māo shā pén

pet bowl
宠物食盆
chǒng wù shí pén

pet food
宠物粮
chǒng wù liáng

stable
马厩
mǎ jiù

trough
槽
cáo

badger
獾
huān

bat
蝙蝠
biān fú

boar
野猪
yě zhū

deer
鹿
lù

fox
狐狸
hú li

hare
野兔
yě tù

hedgehog
刺猬
cì wei

mole
鼹鼠
yǎn shǔ

mouse
老鼠
lǎo shǔ

otter
水獭
shuǐ tǎ

squirrel
松鼠
sōng shǔ

wolf
狼
láng

bear
熊
xióng

camel
骆驼
luò tuo

chimpanzee
黑猩猩
hēi xīng xing

elephant
大象
dà xiàng

giant panda
大熊猫
dà xióng māo

giraffe
长颈鹿
cháng jǐng lù

hippopotamus
河马
hé mǎ

kangaroo
袋鼠
dài shǔ

lion
狮子
shī zi

monkey
猴子
hóu zi

rhinoceros
犀牛
xī niú

tiger
老虎
lǎo hǔ

blackbird
乌鸫
wū dōng

buzzard
秃鹫
tū jiù

crane
仙鹤
xiān hè

crow
乌鸦
wū yā

dove
鸽子
gē zi

eagle
雕
diāo

finch
雀
què

flamingo
火烈鸟
huǒ liè niǎo

gull
海鸥
hǎi ōu

heron
鹭
lù

kingfisher
翠鸟
cuì niǎo

lark
云雀
yún què

ostrich
鸵鸟
tuó niǎo

owl
猫头鹰
māo tóu yīng

peacock
孔雀
kǒng què

pelican
鹈鹕
tí hú

penguin
企鹅
qǐ é

pigeon
鸽子
gē zi

robin
知更鸟
zhī gēng niǎo

sparrow
麻雀
má què

stork
鹳
guàn

swan
天鹅
tiān é

thrush
画眉
huà méi

vulture
秃鹰
tū yīng

VOCABULARY

tadpole 蝌蚪 kē dǒu	scales 鳞 lín	to hiss 发出嘶嘶声 fā chū sī sī shēng
frogspawn 蛙卵 wā luǎn	shell 壳 ké	to croak 呱呱叫 guā guā jiào

alligator
短吻鳄
duǎn wěn è

frog
青蛙
qīng wā

gecko
壁虎
bì hǔ

lizard
蜥蜴
xī yì

newt
蝾螈
róng yuán

snake
蛇
shé

toad
癞蛤蟆
lài há ma

tortoise
龟
guī

turtle
海龟
hǎi guī

coral
珊瑚
shān hú

crab
螃蟹
páng xiè

dolphin
海豚
hǎi tún

eel
鳗
mán

jellyfish
水母
shuǐ mǔ

killer whale
虎鲸
hǔ jīng

lobster
龙虾
lóng xiā

seal
海豹
hǎi bào

sea urchin
海胆
hǎi dǎn

shark
鲨鱼
shā yú

starfish
海星
hǎi xīng

whale
鲸
jīng

VOCABULARY

swarm 大群 dà qún	cobweb 蜘蛛网 zhī zhū wǎng	to buzz 嗡嗡地响 wēng wēng de xiǎng
colony 群落 qún luò	insect bite 蚊虫叮咬 wén chóng dīng yǎo	to sting 蜇 zhē

ant
蚂蚁
mǎ yǐ

bee
蜜蜂
mì fēng

beetle
甲虫
jiǎ chóng

butterfly
蝴蝶
hú dié

caterpillar
毛虫
máo chóng

centipede
蜈蚣
wú gōng

cockroach
蟑螂
zhāng láng

cricket
蟋蟀
xī shuài

dragonfly
蜻蜓
qīng tíng

earthworm
蚯蚓
qiū yǐn

fly
苍蝇
cāng ying

grasshopper
蚱蜢
zhà měng

ladybird
瓢虫
piáo chóng

mayfly
蜉蝣
fú yóu

mosquito
蚊子
wén zi

moth
飞蛾
fēi é

slug
鼻涕虫
bí ti chóng

snail
蜗牛
wō niú

spider
蜘蛛
zhī zhū

wasp
黄蜂
huáng fēng

woodlouse
潮虫
cháo chóng

VOCABULARY

stalk 柄 bǐng	pollen 花粉 huā fěn	grass 草 cǎo
leaf 叶 yè	bud 芽 yá	seed 种子 zhǒng zi
petal 花瓣 huā bàn	wildflower 野花 yě huā	bulb 球茎 qiú jīng

YOU SHOULD KNOW...

Be aware of the cultural connotations associated with some flowers – lily-of-the-valley symbolizes friendship and affection, but chrysanthemums are usually used as cemetery flowers.

calla lily
马蹄莲
mǎ tí lián

carnation
康乃馨
kāng nǎi xīn

chrysanthemum
菊花
jú huā

daffodil
水仙
shuǐ xiān

daisy
雏菊
chú jú

dandelion
蒲公英
pú gōng yīng

gypsophila
满天星
mǎn tiān xīng

hyacinth
风信子
fēng xìn zi

iris
鸢尾
yuān wěi

jasmine
茉莉花
mò lì huā

lily
百合花
bǎi hé huā

lily-of-the-valley
铃兰
líng lán

orchid
兰花
lán huā

peony
牡丹
mǔ dān

poppy
罂粟
yīng sù

rose
玫瑰
méi gui

sunflower
向日葵
xiàng rì kuí

tulip
郁金香
yù jīn xiāng

VOCABULARY

tree
树木
shù mù

wood
小树林
xiǎo shù lín

berry
浆果
jiāng guǒ

shrub
灌木
guàn mù

branch
树枝
shù zhī

root
根
gēn

orchard
果园
guǒ yuán

trunk
树干
shù gàn

conifer
针叶树
zhēn yè shù

vineyard
葡萄园
pú tao yuán

bark
树皮
shù pí

pine cone/needle
松果/针
sōng guǒ/zhēn

broom
金雀花
jīn què huā

camphor tree
樟树
zhāng shù

chestnut
栗子树
lì zi shù

cypress
柏树
bǎi shù

fir
枞树
cōng shù

fungus
菌类
jūn lèi

grapevine
葡萄藤
pú tao téng

honeysuckle
金银花
jīn yín huā

ivy
常春藤
cháng chūn téng

lavender
熏衣草
xūn yī cǎo

lichen
地衣
dì yī

lilac
紫丁香
zǐ dīng xiāng

moss
青苔
qīng tái

oak
橡树
xiàng shù

pine
松树
sōng shù

plane
悬铃木
xuán líng mù

poplar
白杨
bái yáng

willow
柳树
liǔ shù

VOCABULARY

landscape 地形 dì xíng	estuary 河口 hé kǒu	rural 乡村的 xiāng cūn de
soil 土壤 tǔ rǎng	air 空气 kōng qì	urban 城市的 chéng shì de
mud 泥 ní	atmosphere 大气 dà qì	polar 两极的 liǎng jí de
water 水 shuǐ	comet 彗星 huì xīng	tropical 热带的 rè dài de

LAND

cave
洞穴
dòng xué

desert
沙漠
shā mò

farmland
耕地
gēng dì

forest
森林
sēn lín

glacier
冰河
bīng hé

grassland
草原
cǎo yuán

hill
小山
xiǎo shān

lake
湖
hú

marsh
湿地
shī dì

mountain
高山
gāo shān

pond
池塘
chí táng

river
河流
hé liú

rocks
岩石
yán shí

scrub
灌木丛
guàn mù cóng

stream
小溪
xiǎo xī

valley
山谷
shān gǔ

volcano
火山
huǒ shān

waterfall
瀑布
pù bù

SEA

cliff
悬崖
xuán yá

coast
海岸
hǎi àn

coral reef
珊瑚礁
shān hú jiāo

island
岛屿
dǎo yǔ

peninsula
半岛
bàn dǎo

rockpool
满潮池
mǎn cháo chí

SKY

aurora
极光
jí guāng

moon
月亮
yuè liang

rainbow
彩虹
cǎi hóng

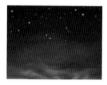

stars
星星
xīng xing

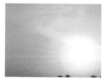

sun
太阳
tài yáng

sunset
日落
rì luò

CELEBRATIONS AND FESTIVALS | 节庆

Everyone loves having a reason to get together and celebrate. In China, this usually means great food, the company of close family and friends, and quite possibly a glass of Chinese spirit. Some Western holidays like Christmas, Thanksgiving, and Halloween are celebrated more and more in China, although they don't bear quite the same cultural and religious significance as they do in the West. There is also a wealth of Chinese customs and traditions associated with the various holidays and festivals throughout the year.

lantern
灯笼
dēng long

silk
丝绸
sī chou

tassels
灯穗
dēng suì

In China, annual birthday parties are normally for children, while adults usually only celebrate the "big" ones like 40, 50, and so on.

Congratulations!
恭喜！
gōng xǐ

Best wishes.
最美好的祝福。
zuì měi hǎo de zhù fú

Well done!
做得好！
zuò de hǎo

Thank you.
谢谢。
xiè xie

Cheers!
干杯！
gān bēi

You're very kind.
你真好！
nǐ zhēn hǎo

Happy birthday!
生日快乐！
shēng rì kuài lè

Cheers to you, too!
也为你干杯！
yě wèi nǐ gān bēi

Happy anniversary!
纪念日快乐！
jì niàn rì kuài lè

Wishing you a prosperous New Year!
恭喜发财！
gōng xǐ fā cái

VOCABULARY

celebration
庆典
qìng diǎn

anniversary
周年纪念
zhōu nián jì niàn

public holiday
公休假期
gōng xiū jià qī

birthday
生日
shēng rì

wedding anniversary
结婚周年纪念日
jié hūn zhōu nián jì niàn rì

religious festival
宗教节日
zōng jiào jié rì

special occasion 特别的日子 tè bié de rì zi	bad news 坏消息 huài xiāo xi	to throw a party 办聚会 bàn jù huì
good news 好消息 hǎo xiāo xi	to celebrate 庆祝 qìng zhù	to toast 为···举杯祝酒 wèi ... jǔ bēi zhù jiǔ

YOU SHOULD KNOW...

A child's first birthday is very important and involves an interesting ritual –
抓周 zhuā zhōu (literally "grabbing the year"). This involves laying different items
in front of the child for them to grab. What the child decides to go for bears
symbolic meaning as to what kind of career that child is going to embrace
in the future.

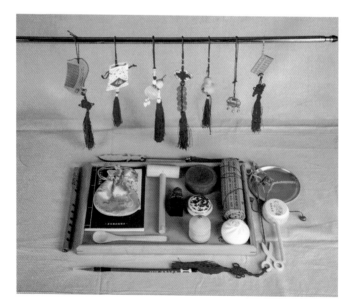

bouquet
花束
huā shù

box of chocolates
盒装巧克力
hé zhuāng qiǎo kè lì

cake
蛋糕
dàn gāo

decorations
装饰品
zhuāng shì pǐn

fireworks
烟火
yān huǒ

fizzy drink
加汽饮料
jiā qì yǐn liào

greetings card
贺卡
hè kǎ

gift
礼物
lǐ wù

party
聚会
jù huì

VOCABULARY

birth
出生
chū shēng

graduation
毕业
bì yè

divorce
离婚
lí hūn

100-day celebration
百日
bǎi rì

finding a job
找工作
zhǎo gōng zuò

having a child
生孩子
shēng hái zi

childhood
童年
tóng nián

falling in love
谈恋爱
tán liàn ài

relocation
搬家
bān jiā

first day of school
第一天上学
dì yī tiān shàng xué

engagement
订婚
dìng hūn

retirement
退休
tuì xiū

passing your driving
test
通过驾照考试
tōng guò jià zhào kǎo shì

marriage
婚姻
hūn yīn

funeral
葬礼
zàng lǐ

YOU SHOULD KNOW...

A baby's 100-day celebration is very important since this is the first time that the baby is introduced to the world. The celebration often involves a banquet.

There are 15 days of public holidays by law in China. Some are international holidays celebrated on the same days as other countries, and some are traditional Chinese holidays. Other festivals are celebrated but people don't have time off work.

How many days' holiday do we get?
我们放几天假？
wǒ men fàng jǐ tiān jià

Is it a holiday today?
今天是节假日吗？
jīn tiān shì jié jià rì ma

What are you celebrating today?
今天是庆祝什么？
jīn tiān shì qìng zhù shén me

I wish you...
我祝你···。
wǒ zhù nǐ

Merry Christmas!
圣诞快乐！
shèng dàn kuài lè

Happy New Year!
新年快乐！
xīn nián kuài lè

Happy holidays!
节日快乐！
jié rì kuài lè

And to you, too!
你也是！
nǐ yě shì

What are your plans for the holiday?
你打算怎么过节？
nǐ dǎ suàn zěn me guò jié

VOCABULARY

Mother's Day
母亲节
mǔ qīn jié

National Day
国庆节
guó qìng jié

New Year's Day
新年
xīn nián

Father's Day
父亲节
fù qīn jié

May Day
五一
wǔ yī

New Year's card
新年贺卡
xīn nián hè kǎ

Father Christmas/ Santa Claus 圣诞老人 shèng dàn lǎo rén	Christmas Day 圣诞节 shèng dàn jié	Christmas Eve 平安夜 píng ān yè

National Day is celebrated on the 1st October to mark the forming of the People's Republic of China in 1949. There is usually a military parade in Tian'anmen Square, as well as fireworks displays all over the country. There are 3 days of holiday but people usually combine it with the previous and next weekend to make it a longer holiday so that they can travel.

OTHER FESTIVALS

Children's Day
儿童节
ér tóng jié

Chinese New Year
春节
chūn jié

Christmas
圣诞节
shèng dàn Jié

Halloween
万圣节
wàn shèng jié

Dragon Boat Festival
端午节
duān wǔ jié

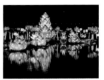

Lantern Festival
元宵节
yuán xiāo jié

Mid-Autumn Day
中秋节
zhōng qiū jié

New Year's Eve
除夕
chú xī

Ramadan
斋月
zhāi yuè

Thanksgiving
感恩节
gǎn ēn jié

Tomb Sweeping Day
清明节
qīng míng jié

Valentine's Day
情人节
qíng rén jié

Most traditional Chinese holidays are associated with particular dishes. These include: green rice balls for Tomb Sweeping Day; savoury or sweet rice in bamboo leaves for Dragon Boat Festival; dumplings for Chinese New Year; glutinous rice balls for Lantern Festival; and moon cake for Mid-Autumn Day.

Chinese New Year's
Eve dinner
年夜饭
nián yè fàn

dumplings
饺子
jiǎo zi

glutinous rice balls
元宵
yuán xiāo

moon cake
月饼
yuè bǐng

rice dumpling in
bamboo leaves
粽子
zòng zi

sweet green rice balls
青团
qīng tuán

YOU SHOULD KNOW...

No celebration is complete without a few drinks. In the southern areas of the country, people like to drink a type of undistilled wine called 黄酒 huáng jiǔ (literally "yellow wine"), while the rest of the country prefer the distilled 白酒 bái jiǔ (literally "white wine"). Be very careful if you are offered 白酒 bái jiǔ, since the alcohol content is normally around 40% or higher!

Spring Festival is the most important occasion for the Chinese, and many people return to their hometown to spend time with family and friends. It is celebrated on the first new moon in the year, so falls between January 21st and February 20th. It is customary to give loved ones a red envelope containing a small amount of money.

YOU MIGHT SAY/HEAR...

Best wishes for Spring Festival!
春节好！
chūn jié hǎo

Are you going home for Spring Festival this year?
你今年过年回家吗？
nǐ jīn nián guò nián huí jiā ma

antithetical couplet
对联
duì lián

lion dance
舞狮
wǔ shī

paper-cut decoration
剪纸
jiǎn zhǐ

red envelope
红包
hóng bāo

spring migration
春运
chūn yùn

Chinese zodiac signs
十二生肖
shí èr shēng xiào

YOU SHOULD KNOW...

It is traditional to have an antithetical couplet on both sides of the door expressing happiness and good wishes for the New Year. Some families have paper-cut patterns on their windows; popular patterns include fish (symbolizing abundance), peony (for wealth), and the Chinese zodiac animal of that year.

PHOTO CREDITS

Shutterstock: p21 timetable (Brendan Howard), p26 windscreen (JazzBoo), p29 ticket machine (Balakate), p34 minibus (Iakov Filimonov), p40 light railway (Bikeworldtravel), p41 ticket machine (Balakate), p41 ticket office (Michael715), p41 tram (smereka), p82 market (2p2play), p104 confectionery (Bitkiz), p107 cosmetics (mandritoiu), p107 food and drink (1000 words), p107 footwear (Toshio Chan), p107 kitchenware (NikomMaelao Production), p107 toys (Zety Akhzar), p115 electrical retailer (BestPhotoPlus), p115 estate agents (Barry Barnes), p116 gift shop (Pamela Loreto Perez), p116 pet shop (BestPhotoPlus), p116 tea shop (Zvonimir Atletic), p137 campus (EQRoy), p142 bureau de change (Lloyd Carr), p144 postbox (ChameleonsEye), p145 church (Ilya Images), p145 conference centre (lou armor), p146 retail park (Zhao Jian Kang), p151 monument (Claudine Van Massenhove), p151 sightseeing bus (Roman Sigaev), p153 casino (Benny Marty), p154 crosstalk (windmoon), p154 musical (Igor Bulgarin), p154 opera (criben), p154 square group-dancing (Katoosha), p166 choir (Marco Saroldi), p166 orchestra (Ferenc Szelepcsenyi), p180 pitch (Christian Bertrand), p181 basketball shoes (Milos Vucicevic), p182 line judge (Leonard Zhukovsky), p183 umpire (Stuadrt Slavicky), p191 tai chi (WHYFRAME), p192 velodrome (Pavel L Photo and Video), p196 handball (Dziurek), p220 laboursuite (ChameleonsEye), p253 National Day (Mirko Kuzmanovic), p253 Children's Day (Igor Bulgarin), p254 Dragon Boat Festival (Shi Yali), p254 Tomb Sweeping Day (Arnon Mungyodklang), p256 antithetical couplet (ClemV), p256 lion dance (windmoon), p256 spring migration (Hung Chung Chih). All other images from Shutterstock.